Thorsten Otto

Die richtigen Worte finden

Thorsten Otto

Die richtigen Worte finden

Ein Radiomoderator erklärt,
wie Sie mit jedem jederzeit
gute Gespräche führen können

mvgverlag

Bibliografische Information der Deutschen Nationalbibliothek:
Die Deutsche Nationalbibliothek verzeichnet diese Publikation in der Deutschen National-
bibliografie; detaillierte bibliografische Daten sind im Internet über http://d-nb.de abrufbar.

Für Fragen und Anregungen:
info@mvg-verlag.de

1. Auflage 2016
Originalausgabe

© 2016 by mvg Verlag, ein Imprint der Münchner Verlagsgruppe GmbH
Nymphenburger Straße 86
D-80636 München
Tel.: 089 651285-0
Fax: 089 652096

Redaktion: Antje Steinhäuser
Umschlaggestaltung: Karen Schmidt, Melanie Melzer
Umschlagabbildung: Bayerischer Rundfunk; Foto: Markus Konvalin; in Lizenz der
BRmedia Service GmbH
Satz: Daniel Förster, Belgern
Druck: GGP Media GmbH, Pößneck
Printed in Germany

ISBN Print 978-3-86882-655-5
ISBN E-Book (PDF) 978-3-86415-909-1
ISBN E-Book (EPUB, Mobi) 978-3-86415-910-7

Weitere Informationen zum Thema finden Sie unter:

www.mvg-verlag.de

Beachten Sie auch unsere weiteren Verlage unter
www.muenchner-verlagsgruppe.de

*Für Emily, meine über alles geliebte Nummer 1,
in der ich mich wie in einem Spiegel sehe, weil wir uns
so ähnlich sind, und die dafür sorgt, dass ich immer
häufiger über mich selbst schmunzeln kann.*

INHALT

VORWORT VON FRITZ EGNER

Mit über vierhundert Interviews, überwiegend Damen und Herren aus dem Bereich der Rock- und Popmusik, kam ich mir lange Zeit ziemlich fleißig vor. Über diese Zahl kann der Autor dieses Buches vermutlich nur müde lächeln. Im Oktober hat er seine tausendfünfhundertste »Mensch, Otto!«-Sendung gefeiert, was bedeutet, dass er mit genauso vielen Menschen ein langes Gespräch geführt hat. Welcher Erfahrungsschatz sich da aufgebaut hat, erklärt sich von selbst.

Sein Buch beweist nun, dass er nicht nur vorzüglich fragen, sondern auch sehr unterhaltsam über seine Begegnungen schreiben kann. Seine Begabung, mit Menschen umzugehen, sie sich öffnen zu lassen, durfte ich selbst das ein oder andere Mal in seiner Show genießen. Die Akribie, mit der er sich auf jede seiner Sendungen vorbereitet, gepaart mit einer natürlichen Neugier und seinem journalistischen Gespür ergeben diese ganz besondere Mischung, die es ihm ermöglicht, mit den unterschiedlichsten Menschen ein offenes Gespräch zu führen. Man will ihm stets mehr erzählen, als man vorhatte. Trotzdem fühlt man sich nicht entblößt, sondern einfach nur verstanden. Dabei schafft er es, medienunerfahrenen Gästen die Angst vor dem Mikrofon zu nehmen und Medienprofis mit seinen Fragen zu verblüffen. Von dem großen Schauspieler Armin Mueller-Stahl wollte Thorsten etwa wissen, welchen Film er dem lieben Gott empfehlen würde. »Tatort«-Kommissar Axel Prahl fühlte sich offenbar so gut aufgehoben in der Sendung, dass er drauf und dran war, seine Privatadresse auszuplaudern. Das vielleicht schönste Kompliment kam von dem gestrengen Künstlergenie André Heller, dessen Fazit lautete: »Das war keine Zeitverschwendung!«

Mit einer jungen Frau, die eine Leukämie-Erkrankung überlebt hatte, gelang ihm ein so anrührender Gedankenaustausch, dass er dafür mit dem Deutschen Radiopreis 2014 ausgezeichnet wurde. Seine Sendungen sind bis heute trotz ihrer Professionalität nie zur Routine geworden – ganz im Gegenteil –, jeder Talk wird zum individuellen Ereignis. Ich bin sicher, dass auch Sie bei der Lektüre dieses Buches von der außerordentlichen Feinsinnigkeit des Autors profitieren werden. Lassen Sie sich inspirieren und fühlen Sie sich schon beim nächsten Gespräch, das Sie führen, selbstbewusster und damit wohler. Denn wenn Sie die richtigen Worte finden, hat Reden nichts mit Geschwätzigkeit zu tun – und Zuhören nichts mit Sprachlosigkeit.

PROLOG

Ich habe sie gehasst, diese Momente. Heute kann ich amüsiert zurückblicken, aber damals – gefangen im schlaksigen Körper eines ungelenken Teenagers – war ich überfordert. Von der Schlagfertigkeit, die ich so dringend gebraucht hätte, war ich so weit entfernt wie Angela Merkel davon, zur beliebtesten Deutschen in Griechenland gewählt zu werden. Und die Erinnerung an dieses Gefühl von Ohnmacht im Angesicht eines Typen, der mit ein paar Sprüchen mein ohnehin nicht allzu ausgeprägtes Selbstbewusstsein pulverisierte, ist heute noch so lebendig, als wäre es erst gestern gewesen.

Ich stand am Tresen dieser Kneipe, in der sich die Jugendlichen trafen, die in der oberpfälzischen Kleinstadt cool sein wollten, und das wollten sie in den Achtzigern alle – egal ob Sportler, Künstler, Popper, Punks oder Normalos. Plötzlich kam einer der ortsbekannten »Künstler« auf mich zu, baute sich eine Nasenlänge entfernt vor mir auf und bellte mir entgegen: »Die Micha hat was Besseres verdient als dich dämlichen drittklassigen Basketballer!«

»Du bist doch nur so ein Möchtegernkünstler, der auch in zehn Jahren noch hier an der Bar abhängen und davon träumen wird, berühmt zu werden, obwohl jeder weiß, dass dein Talent nicht mal zum Anstreichen reicht!« Zehn Minuten später war mir diese Antwort eingefallen – leider neun Minuten und siebenundfünfzig Sekunden zu spät, denn in den entscheidenden drei Sekunden nach seinem Spruch waren erst meine Ohren und anschließend mein ganzes Gesicht knallrot angelaufen, aber aus meinem Mund kam – nichts! Ich stand da wie versteinert und versuchte verzweifelt, mir eine geistreiche Antwort einfallen zu lassen, aber in meinem Kopf herrschte Leere und dementsprechend doof werde ich ausgesehen haben.

Schier endlose Sekunden verstrichen, in denen die Umstehenden auf meine Reaktion warteten, die nicht kam. Ich muss mich gar nicht besonders anstrengen, um das Gelächter der Leute heute noch zu hören. Eine gefühlte Ewigkeit später drehte ich meine rote Birne von meinem Kontrahenten weg und verließ im Bewusstsein einer kapitalen Niederlage den Ort meiner Schmach. Ich kann nicht sagen, wen ich damals mehr verachtete, den Typen, der mich so gedemütigt hatte, oder mich selbst, dem im entscheidenden Moment mal wieder die Worte gefehlt hatten.

Ich war siebzehn Jahre alt, und nach diesem Erlebnis beschloss ich, dass mir so etwas nie wieder passieren würde. Ich würde zu dem schlagfertigen Menschen werden, der ich schon immer hatte sein wollen. Nun, natürlich sind mir ähnliche Geschichten auch danach passiert, und bis heute gibt es Situationen, die mich sprachlos machen. Aber sie sind selten geworden, denn damals begann ich, stetig an meiner Fähigkeit zu arbeiten, nie um eine Antwort verlegen zu sein, ein

Gespräch in meinem Sinn führen zu können und möglichst zu etwas Besonderem zu machen.

Ich erzähle Ihnen das alles, weil Sie wissen sollten, dass ich kein geborener »Talker« bin, sondern es waren mein Wille, viel Übung und ein paar Tipps von Profis, die mich zu einem Menschen gemacht haben, der das große Glück hat, seine Berufung gefunden zu haben. Und ich bin sehr sicher: Wenn ich es gelernt habe, mit jedem Menschen, ob Politiker, Popstar oder Priester, ein Gespräch auf Augenhöhe zu führen, ohne um die passenden Worte verlegen zu sein, dann können Sie es ebenfalls! Auch heute in meiner Sendung »Mensch, Otto!« ist genau das mein Ziel: ein gutes Gespräch, von dem mein Gast und ich und vor allem Sie als Hörer profitieren.

Ein Indiz für ein gelungenes Gespräch ist, wenn sich die Gäste nach der Aufzeichnung wundern, dass die Stunde schon vorüber ist. Aber die schönsten Komplimente kommen von »Mensch, Otto!«-Hörern, die mir schreiben, dass das Abendessen leider kalt wurde, weil sie im Auto vor ihrer Wohnung die Sendung zu Ende hören mussten. Wer die Zeit vergisst, hat sie offenbar genossen, und wenn das bei einem »Mensch, Otto!«-Gespräch passiert, freut es mich umso mehr. Inzwischen habe ich über tausendfünfhundert Gespräche mit den unterschiedlichsten Menschen geführt, die alle eines gemeinsam haben: Jeder hatte eine Geschichte zu erzählen, die wir für so spannend hielten, dass wir diesen Menschen in unsere Show eingeladen haben. (Ich benutze »wir« und »unsere« übrigens nicht im Pluralis Majestatis, wie der ein oder andere Kritiker vermuten könnte, sondern, weil »Mensch, Otto!« ohne meine Redakteurinnen nicht möglich wäre: Ohne Catina Töpfer, Franzi Paskuda, Julia Liebing, Katrin Kellermann, Marion Fuchs, Steffi Stockinger und Veronika Macher wäre ich rettungslos verloren – zumindest beruflich gesehen.) Die Geschichten unserer Gäste können unglaublich, skurril, bewegend, komisch und manchmal alles zusammen sein, wie das Leben eben.

Wird das nicht langweilig mit der Zeit? Interessierst du dich wirklich noch für die Leute?

Das sind Fragen, die mir immer wieder gestellt werden und auf die ich bis heute stets ein und dieselbe Antwort gebe: Nein, mir wird nicht langweilig, weil ich gar nicht anders kann, als mich für Menschen und ihre Geschichten zu interessieren. Und ich bin überzeugt, dass jeder von uns eine Geschichte hat, die es wert ist, erzählt zu werden. All diese Begegnungen mit den unterschiedlichsten Menschen helfen mir, das Leben, und auch mich selbst, ein wenig besser zu verstehen, und ersparen mir den Therapeuten, wie meine Frau gelegentlich behauptet.

Manchmal denke ich, dass ich noch Geld mitbringen müsste, weil ich diese fabelhafte kleine Show moderieren darf. Aber erzählen Sie das bloß nicht meinem Chef!

Wer war dein Lieblingsgast? Und gibt es jemanden, mit dem es überhaupt nicht funktioniert hat?

Der ersten Frage möchte ich mich ausführlicher widmen, da sie nicht leicht zu beantworten ist. Zu viele Menschen, sowohl Prominente als auch Unbekannte, haben mich beeindruckt, und immer wieder dachte ich, so eine Wahnsinnsgeschichte hast du noch nie gehört, bis die nächste kam, die noch bewegender, spannender und unglaublicher war.

Speziell im Gedächtnis geblieben sind mir jedoch keineswegs nur die berühmten Schauspieler, Musiker oder Sportler, sondern eher unbekannte Menschen mit ganz besonderen Geschichten, alle auf ihre Weise große Persönlichkeiten. Ich kann im Rahmen dieses Buches nur ein paar ausgewählte Namen nennen. Aber es waren viele, die uns durch ihren Mut, ihre Kreativität und ihre Phantasie begeistert, zum Teil auch beschämt haben durch die Kraft, mit der sie sich aus schier ausweglosen Situationen befreiten oder lebensbedrohliche Schicksale meisterten. Ich werde immerhin von einigen berichten, weil gerade sie mir vor Augen geführt haben, wie wenig im Leben doch planbar ist und dass jeder Mensch viel mehr zu leisten imstande ist, als er glaubt.

Um also Beispiele zu bringen für prominente und ganz unbekannte Gesprächspartner, an die ich mich besonders gern erinnere, die auf ihre Weise besonders lustig, geistreich, überraschend, amüsant, bewegend und beeindruckend waren, schildere ich über das Buch verteilt in der Rubrik »Lieblingsgast« insgesamt ein Dutzend Begegnungen.

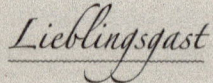

HERBERT GRÖNEMEYER

Der Mann schüttelte sich vor Lachen, verschluckte sich und rutschte vom Studiosessel. Ein Bus voller Fußballprofis, die am Telefon »Bochum, ich komm aus dir« laut und ebenso falsch anstimmten, hatte etwas geschafft, was in Talkshows und Interviews selten gelingt.

Aber Grönemeyer war vom Gesang der versammelten Mannschaft des VFL Bochum so überrascht, amüsiert und sogar ein wenig gerührt, dass es einfach aus ihm herausbrach und er völlig vergaß, dass sein Lachanfall im Radio von Hunderttausenden Menschen gehört wurde.

Diese Geschichte mit dem für ihn überraschenden Anruf der Fußballer ist eines meiner Lieblingsbeispiele dafür, dass auch Prominente sich echt und ohne Maske zeigen, wenn man sie mit Situationen konfrontiert, mit denen sie nicht rechnen und die ihnen keine Zeit zum Nachdenken lassen. Denn dann vergisst selbst jeder noch so abgezockte und interviewgestählte Prominente im Zweifel seinen Vorsatz, bloß nicht zu viele Emotionen zu zeigen.

Ich gebe gerne zu, dass es auch mir im Gespräch mit Prominenten nicht immer gelingt, solche kostbaren Momente zu erleben, aber den Versuch ist es immer wert. Mein Tipp für fast jede Art von Gespräch: Wenn es Ihnen gelingt, Ihr Gegenüber zu überraschen, es aus seiner Komfortzone zu locken, werden Sie ein interessanteres Gespräch führen und meistens mehr erfahren und erfolgreicher sein. Ach ja, nach der Episode mit dem Männergesangsverein des VFL Bochum öffnete sich Grönemeyer, wie ich ihn nie zuvor erlebt hatte, zeigte sich gnadenlos selbstironisch und alberte herum wie ein Teenager – er hatte Vertrauen gefasst. Vielleicht hat er sich gedacht, wer nüchterne Fußballer zum Singen bringt, kann kein schlechter Mensch sein.

Bis heute, zehn Jahre danach, denke ich immer wieder gerne an dieses Gespräch mit Deutschlands größtem Popstar zurück. Entgegen meiner Erwartung hatte sich Grönemeyer als einer der humorvollsten Menschen entpuppt, mit denen ich in all den Jahren in meiner Sendung zu tun hatte. Und ich bin mir nicht sicher, ob er je wieder in einer Talkshow vor Lachen fast vom Stuhl gefallen ist.

Die Antwort auf die zweite Frage – mit wem es nicht funktioniert hat – ist relativ einfach, denn dieses Gespräch, wenn man es so nennen will, werde ich nie vergessen. Es ist für mich mit einer persönlichen Erfahrung verbunden, auf die ich gerne verzichtet hätte. Natürlich gibt es Gäste, die mich nicht wirklich an sich heranlassen wollen oder zu denen ich keinen tieferen Zugang finde. Das führt dazu, dass das Gespräch an der Oberfläche bleibt und im besten Falle entspannt dahinplätschert. Das kommt vor und ist keine Katastrophe. Ich hätte es allerdings lange nicht für möglich gehalten, dass mir ein Gespräch komplett entgleiten könnte und ich es sogar abbrechen würde. Aber – um einen platten, aber zutreffenden Spruch anzubringen: Irgendwann ist immer das erste Mal. Der Gast: eine aufstrebende Moderatorin, die ich, wie viele andere auch, im Fernsehen als humorvoll und schlagfertig wahrgenommen hatte. In der Regel sind Kollegen dankbare Gäste; sie wissen, worum es geht, verstehen es, Anekdoten zu erzählen, und sind meistens recht umgänglich. Diese Gespräche sind vielleicht nicht sehr tiefschürfend, aber unterhaltsam und damit ideal für den Wochenausklang.

Also, dachte ich, wird auch das Gespräch mit Frau K. »a gmaade Wiesn«, wie wir in Bayern sagen (für die Leser, die Bayrisch weder als Mutter- noch als Fremdsprache gelernt haben: »eine gemähte Wiese« im Sinne von »ein leichtes Spiel«). Die vermeintliche »gmaade Wiesn« entpuppte sich dann eher als ein Dschungel der Kommunikationspannen, in dem wir uns hoffnungslos verirrten. Ein Desaster nahm seinen Lauf. Ihre Antwort auf meine erste Frage lautete: »Zu Privat!« Auf die zweite Frage: »Verstehe ich nicht!« Und auf die dritte: »Kann ich so spontan nicht beantworten!« Nicht wesentlich kreativer fiel die Antwort auf meine bereits im Zustand leichter Verzweiflung gestellte Frage aus: »Möchte ich nicht drüber reden, dazu habe ich schon alles gesagt!«

So ähnlich ging das fünfzehn Minuten weiter, und ich weiß bis heute nicht, ob ich an diesem Tag einfach nur die falschen Fragen gestellt habe oder ob Frau K. mit dem falschen Fuß aufgestanden war und einfach keine Lust auf unser Gespräch hatte. Jedenfalls wurde die Stimmung im Studio zusehends frostiger, ich immer frustrierter, und Frau K. zeigte sich wild entschlossen, meine Versuche, etwas Humor und Leichtigkeit in unsere Begegnung zu bringen, zu ignorieren. Ich halte mich zwar für einen Kämpfer, habe aber gelernt, dass man erkennen sollte, wann man verloren hat. Und so gestand ich meine Niederlage nach zwanzig Minuten Quälerei mit der Bitte ein, diesen Versuch eines Gesprächs doch beenden zu dürfen. Der Vorschlag kam jedoch nicht so gut an, wie ich gehofft hatte.

Frau K. reagierte hysterisch, ihr Manager drohte mit Konsequenzen, und ich rätsele bis heute, warum wir gar nicht miteinander konnten. Seitdem ist es mir nie wieder passiert, dass ich ein Gespräch nicht zu einem halbwegs versöhnlichen Ende bringen konnte – was nicht heißt, dass es nie wieder vorkommen kann.

Klar, auch im richtigen Leben gibt es Situationen, in denen man aneinander vorbeiredet, aber solange das nicht der rote Faden ist, der sich durch ein ganzes Gespräch zieht, sondern die Ausnahme bleibt, sollte man nachsichtig mit sich und seinem Gegenüber sein. Jetzt möchte ich Ihnen ein kleines Geheimnis verraten und mit einem verbreiteten Irrtum aufräumen: Prominente sind nicht per se die spannenderen Gesprächspartner. Warum auch ich diesem Vorurteil lange aufgesessen bin, erkläre ich mir heute auf diese Weise: Promis stehen in der Öffentlichkeit, sind bekannt, weil sie im besten Falle irgendetwas besonders gut können, und wir glauben eben, wer ein guter Schauspieler, ein toller Sportler oder ein mächtiger Politiker ist, der kann besonders viel erzählen.

Aber nur weil jemand filigran gegen einen Ball treten kann oder besonders ausgeprägte Machtinstinkte besitzt, bedeutet das noch lange nicht, dass sein Leben aufregend ist, geschweige denn, dass er ein guter Erzähler ist. Deshalb gehört auch mein Interview mit Angela Merkel nicht zu meinen Sternstunden. Natürlich war es spannend, die Sicherheitskontrollen im Kanzleramt passieren zu dürfen, und ebenso beruhigend, dass die Büros im Kanzleramt nicht spektakulärer aussehen als die in der Zentrale jeder x-beliebigen Versicherung. Als ich dann im Besprechungszimmer der Kanzlerin auf die mächtigste Frau der Welt wartete, war ich eher erstaunt, wie normal das ganze Ambiente und die Menschen in ihrem Umfeld wirkten. Ich erinnere mich noch genau, dass sie mit ihren 1 Meter 65 wesentlich kleiner war, als ich sie mir vorgestellt hatte, aber mit beachtlichem Tempo den Raum betrat, mich mit einem eher weichen Händedruck begrüßte und dabei mit umso festerem Blick taxierte. Von der Aura der Macht, die sie umgeben soll, habe ich in diesem Moment nichts gespürt.

Auffällig zudem, wie prompt sie alle politischen Fragen beantwortete, bei persönlichen hingegen immer wieder stockte, beinahe hilfesuchend zu ihrem Pressechef blickte und dann meist einsilbige Antworten gab. Nur zweimal blitzte es in den Augen der Kanzlerin – als sie über ihre Kindheit in der Uckermark sprach und als sie mit geradezu spitzbübischer Freude von ihrer Vorliebe fürs Saunieren erzählte.

Das ist übrigens kein schlechter Tipp für alle Arten von Gespräch: Jeder Mensch hat mindestens ein Thema, über das er gerne redet, und wenn Sie herausfinden, was das ist, ist die Chance groß, dass Ihr Gegenüber sich Ihnen öffnet. Bei der Kanzlerin war das ihre Kindheit, als ihre Welt noch klein, überschaubar und in Ordnung war. Aber wie Angela Merkel wirklich tickt, kann ich Ihnen nicht sagen. Hinter die Fassade der Machtpolitikerin hat sie mich nicht blicken lassen.

Dabei sind das die Momente, nach denen ich suche, weil sie selten und kostbar sind wie Diamanten. Wenn ein Mensch in meiner Show für ein paar Minuten die Maske fallen lässt und ich zu verstehen glaube, was ihm wichtig ist, warum er sein Leben so und nicht anders lebt, liebe ich meinen Beruf über alles. Und wenn Sie sich ein wenig Zeit nehmen, werde ich Ihnen in diesem Buch ein paar einfache und leicht umzusetzende Tipps geben, wie Sie sich mit jedem Menschen, zu jeder Zeit auf Augenhöhe unterhalten können. So werden Sie kommunikative Bauchlandungen, wie ich eine mit Frau K. erlebt habe, oder schlicht unbefriedigende Gespräche vermeiden können. Denn: Reden können Sie mit jedem Menschen, Sie müssen nur wissen, wie!

Jeder Mensch hat einen Lebenslauf

Unverzichtbarer Teil unserer »Mensch, Otto!«-Sendung ist ein von mir geschriebener Lebenslauf des jeweiligen Gastes, um ihn den Bayern-3-Hörern in ein paar Sätzen vorzustellen. Dieser Lebenslauf ist nicht tabellarisch angelegt, sondern besteht aus Zitaten des Gastes zu seiner eigenen Person und zum Leben an sich sowie aus von mir absichtlich überspitzten Behauptungen. Während unseres Gesprächs konfrontiere ich die Frau/den Mann damit und sie/er liest die Zeilen dann selbst vor. Ich versuche so, auf den Punkt zu bringen, was den jeweiligen Menschen aus meiner Sicht antreibt, was seine Motivation ist, das zu tun, was er tut. Im Kern geht es darum zu zeigen, wie sie/er tickt. Oft sind Gäste überrascht, weil sie sich genau beschrieben fühlen, manche fühlen sich aber auch provoziert und wollen wissen, wie ich bloß auf solch einen Quatsch käme? Natürlich liegt mir am Unterhaltungswert des Lebenslaufs, aber nach dem Vortrag besteht Gesprächsbedarf und darum geht es ja nun in einer Talkshow. Diesen speziellen Lebenslauf werde ich deshalb im folgenden Kapitel meinen Lieblingsgästen voranstellen, die keine bekannten Persönlichkeiten sind und die ich Ihnen gerne vorstellen möchte, weil sie mich auf ganz besondere Weise beeindruckt und zum Teil geprägt haben. Vorher habe ich mir noch den Spaß erlaubt, für mich selbst einen solchen Lebenslauf zu formulieren, damit Sie sehen, was das für ein seltsamer Vogel ist, mit dem Sie es hier zu tun haben.

Lebenslauf des Autors

Ich heiße Thorsten Otto und liebe gute Gespräche. Für mich gibt es nichts Spannenderes als Menschen und ihre Geschichten. Ein gutes Gespräch ist keine Hexerei, kann aber alles verändern. Ich bin überzeugt, dass jeder diese Kunst erlernen kann. Für diese These bin ich der lebende Beweis, denn ich war ein schüchternes Kind. Geprägt haben mich mein Vater, der mich lehrte zu argumentieren, meine »Karriere« als Basketballer und meine Liebe zu Büchern. Heute genieße ich es, mit jedem Menschen auf Augenhöhe sprechen zu können und auf diese Weise mehr über andere, aber auch über mich selbst zu erfahren. Mit jedem Menschen? Um ehrlich zu sein: Mit fast jedem, denn Diskussionen mit meinem vierjährigen Sohn überfordern mich mit schöner Regelmäßigkeit ...

DER GESPRÄCHSEINSTIEG

Aller Anfang ist gar nicht so schwer oder Wie beginne ich ein Gespräch?

Es sind nur wenige Augenblicke, in denen sich entscheidet, ob sich zwei Menschen, die einander zum ersten Mal begegnen, sympathisch sind oder nicht. Deswegen ist dieser erste Eindruck so immens wichtig – eine zweite Chance fürs erste Mal bekommen wir nicht. Es gibt Menschen, für die wir uns erst beim zweiten oder dritten Treffen interessieren, aber oft prägt der erste Eindruck das Bild, das wir vom anderen haben, für längere Zeit oder gar für immer. Den allermeisten Gästen in meiner Sendung begegne ich nur ein einziges Mal – selten verbringen wir mehr als neunzig Minuten miteinander. Etwa eine halbe Stunde habe ich für das »Warm-up«, also die Begrüßung, ein paar Erklärungen zum Ablauf der Aufzeichnung und etwas Small Talk, um Interviewneulingen die Nervosität zu nehmen und ihnen die Möglichkeit zu geben, mich zu beschnuppern. Dabei ist der erste Blickkontakt mit meinem Gast für mich der wichtigste Moment, bevor die Sendung beginnt.

Das hat mehrere Gründe: Zum einen spüren wir beide, wie oben erwähnt, nach wenigen Sekunden, ob und wie gut wir uns riechen können. Und zum anderen erkenne ich an verschiedenen Signalen, die mein Gegenüber aussendet, ob es sich in der Situation wohl fühlt und wie offen es in unser Gespräch geht. Es sind die Augen und die Körpersprache, die mir verraten, dass jemand sehr wohl nervös ist, auch wenn er das auf meine Nachfrage hin verneint. Sieht er mich bei der Begrüßung direkt an? Hält er meinem Blick stand oder wendet er ihn schnell wieder ab? Steht er ruhig oder wechselt er immer wieder das Standbein? Hält er sich gerade, steht er entspannt oder zieht er die Schultern hoch? Zeigen sein Oberkörper und seine Füße in meine Richtung, während wir uns die Hände schütteln und die ersten Worte miteinander wechseln?

Achten Sie zu Beginn eines jeden Gesprächs auf diese unausgesprochenen Signale Ihres Gegenübers. Wenn der Chef Ihnen bei Gehaltsverhandlungen zwar in die Augen schaut, seine Füße aber dabei in eine andere Richtung weisen, kann das darauf hindeuten, dass er nur wenig Zeit für Sie hat, weil der nächste Termin schon wartet. Sie sollten dann besser schnell zum Punkt kommen, wenn Sie nicht ohne Gehaltserhöhung oder Beförderung sein Büro verlassen wollen.

Leider sind diese Signale nicht immer eindeutig und müssen stets im Zusammenhang der konkreten Situation betrachtet werden. Wenn die hübsche Blondine beim ersten Date im

Restaurant regelmäßig an Ihnen vorbei den Blickkontakt mit dem attraktiven Kellner sucht, kann die Erklärung einfach darin zu suchen sein, dass sie noch ein Glas Wein bestellen möchte, um ihre Nervosität in den Griff zu kriegen. Die an Ihnen vorbeiwandernden Blicke können aber auch bedeuten, dass sich das Interesse der jungen Dame an Ihnen bereits am Anfang Ihrer Begegnung in überschaubaren Grenzen bewegt. Dann geht es darum zu erkennen, wann es an der Zeit ist, ein Gespräch zu beenden, um nicht Lebenszeit zu verschwenden, aber dazu später mehr.

In meiner Sendung »Mensch, Otto!« kommt es Gott sei Dank nur selten vor, dass ein Gast keine Lust hat, sich mit mir zu unterhalten. In den wenigen Fällen habe ich diese ablehnende Haltung immer als Herausforderung empfunden: Ein anfangs gelangweilter Gast spornt mich an, ihn zu »knacken« und ein besonders intensives Gespräch mit ihm zu führen. Wenn ich merke, dass mein Gesprächspartner unter Zeitdruck steht, gerade lieber ganz woanders wäre oder einfach aufgeregt ist, muss ich ihn anders behandeln, ihm auch andere Fragen stellen, als wenn er voller Vorfreude, entspannt und locker ist. Es macht einen riesengroßen Unterschied, ob mir ein Mensch gegenübersitzt, der sich vor allem darauf konzentriert, seine Nervosität im Zaum zu halten und zu verbergen, oder ob er sich ohne Angst auf meine Fragen und mich einlässt.

Wie aufrichtig jemand in diesen Minuten vor der Sendung ist, muss nicht immer, kann aber entscheidend sein für die Qualität des Gesprächs. Ich durfte schon Gäste begrüßen, die ihre Aufregung meisterhaft zu verbergen wussten und bei denen mir erst viel zu spät, meist wenn das Gespräch längst ins Stocken geraten war, klar wurde, dass sie sich nicht öffnen konnten, weil sie viel zu sehr mit sich und ihrer Nervosität beschäftigt waren und deshalb kein Vertrauen zu mir fassen konnten. Meiner Erfahrung nach ist es ganz einfach: Wer nicht vertraut, der erzählt auch keine guten, zumindest keine wahren Geschichten. In dem Zusammenhang fällt mir das Desaster mit einem Gastronomen ein, das mich heute noch schmerzt. Warum ich damals die Zeichen seiner extremen Aufgeregtheit und Unsicherheit übersehen konnte, kann ich mir bis heute nicht erklären. Ich erinnere mich genau, wie angetan ich war, als der Mann uns vorgeschlagen wurde, denn sein Lebenslauf klang spannend, wies genau die Wendungen, Höhen und Tiefen auf, die einen Menschen in der Regel zu einem guten Gast für unsere Sendung machen.

Kollegen, die ihn persönlich kannten, beschrieben ihn als einen unterhaltsamen Erzähler, der viele Anekdoten aus seinem Leben und von prominenten Weggefährten zum Besten geben könne. Bevor wir mit der Sendung begannen, fiel mir nur auf, dass er sehr schnell sprach, manche Sätze gar nicht zu Ende brachte, aber das schrieb ich dem normalen Tempo eines vielbeschäftigten Spitzenkochs zu, der es gewohnt ist, ständig unter Strom zu stehen. Von der Art »Hansdampf in allen Gassen« durfte ich schon einige kennenlernen, aber Fernsehköche wie Tim Mälzer, Steffen Henssler und Alexander Herrmann hatten sich stets als tolle Gäste erwiesen, die dem großen Stress in der Küche genauso wie der kleinen Aufregung einer Talkshow sehr wohl gewachsen waren und die vor dem Mikrofon erst zu Höchstform aufliefen.

Aber keine Regel ohne Ausnahme: Spätestens als unser Spitzenkoch schon zu Beginn der Aufzeichnung auf mein »Herzlich willkommen« mit »Ja, herzlich willkommen« antwortete, hätte mir klar sein müssen, dass hier ein Fall von extremem Lampenfieber vorlag. Ich redete mir in dem Moment noch ein, dass das nur seiner Anfangsnervosität geschuldet war und gleich vorübergehen werde. Als er sich bei den ersten Antworten dann mehrfach verhaspelte, dadurch noch fahriger wurde und mit zunehmender Dauer unseres Gesprächs immer einsilbiger, musste ich jedoch einsehen, dass unsere Unterhaltung keine Sternstunde des Talks werden würde. Mit Geduld, jeder Menge verbaler Streicheleinheiten und viel Routine schafften wir es, die Sendung halbwegs über die Bühne zu bringen.

In jedem meiner Gespräche nach diesem Erlebnis habe ich noch genauer auf diesen ersten Blickkontakt mit dem Gast geachtet: Blinzelt er vielleicht nervös oder kann er mir am Ende gar nicht in die Augen schauen?

Unter Prominenten existiert leider immer mal wieder der Typ »Ich habe es nicht nötig, dich anzuschauen, weil ich gar so cool bin, und schaue einfach an dir vorbei«. Ein bekannter Komiker etwa, der auch schon große Stadien gefüllt hat, ist einer dieser Kandidaten. Wie er es geschafft hat, während des überwiegenden Teils unseres Gesprächs den Blickkontakt mit mir zu vermeiden, ist an sich eine respektable Leistung. Nervös hat er vorher nicht gewirkt, sondern eher sehr selbstbewusst. Vielleicht hat ihm bisher nur keiner gesagt, dass eine positive Selbstdarstellung zwar wichtig ist, es aber nicht unbedingt sympathischer macht, wenn man durchgängig den großen Zampano spielt. Manchmal kann weniger auch mehr sein. Abgesehen davon ist es eine Frage der Kinderstube, dass man seinen Gesprächspartner während einer Unterhaltung ansieht.

Wer sich höflich und respektvoll verhält, sich dabei nicht ständig in Gedanken darüber verliert, ob er gut ankommt und wie er auf den Gesprächspartner wirkt, der liegt schon ziemlich richtig. Allen Menschen können Sie es sowieso nicht recht machen. Und wie hat Franz Josef Strauß so treffend gesagt: Everybody's Darling ist schnell Everybody's Depp!

Ich werde oft gefragt, warum Menschen mir so viel aus ihrem Leben erzählen, warum sie sich vor Hunderttausenden von Bayern-3-Hörern öffnen und wie ich das anstellen würde? Die schlechte Nachricht ist: Ein Geheimrezept gibt es nicht. Die gute Nachricht ist: Ein Geheimrezept gibt es nicht, deshalb können Sie es auch! Letztendlich steckt dahinter echtes Interesse an Menschen und ihren Geschichten, gepaart mit Empathie, der Bereitschaft zuzuhören und dem Willen, sich mit jedem auf Augenhöhe zu unterhalten, ohne das Gespräch dominieren zu wollen.

Insgesamt also kein Hexenwerk, sondern viel Handwerk, Übung und Freude daran, sich mit anderen auszutauschen, um auf diese Weise sein eigenes Leben zu bereichern.

Aber zurück zu der Frage: Wie beginne ich ein Gespräch? Mindestens genauso wichtig wie die schnelle und möglichst präzise Einschätzung des anderen ist das eigene Auftreten und Verhalten gerade in den ersten Sekunden und Minuten. Auch nach so vielen Sendungen freue ich mich auf jeden Gast, und das versuche ich ihm zu zeigen, indem ich ihm von der ersten Sekunde an meine volle Aufmerksamkeit schenke. Meistens läuft das wie folgt ab: Unsere Studiotür geht auf, der Gast tritt ein, ich gehe ihm ein paar Schritte entgegen, suche den Augenkontakt, lächle ihn an, spreche ihn mit seinem Namen an und schüttle ihm die Hand. Klingt banal für Sie? Das ist es zwar und doch kann man bereits in diesen ersten Sekunden einer Begegnung viel richtig oder auch falsch machen. Und das wiederum kann ein Gespräch und das Kennenlernen erleichtern oder auch erschweren, wenn der erste Eindruck eben nicht der beste war.

Lieblingsgast

MARIO ADORF

Keine Sekunde lang gab Mario Adorf, seit Jahrzehnten einer der beliebtesten deutschen Schauspieler, mir damals noch ziemlich unerfahrenem Moderator das Gefühl, dass er mich nicht ernst nehmen würde. Auch von diesem profilierten Darsteller durfte ich lernen, worauf es bei einem guten Gespräch zuallererst ankommt: Augenhöhe! Gegenseitiger Respekt, ohne dass sich der eine dem anderen über- oder unterlegen fühlt oder zeigt, ist die Basis jeder gewinnbringenden Kommunikation.

Bei unserem ersten Interview empfing er mich in seiner Suite im Hotel Bayerischer Hof in München – im Morgenmantel! Wer die Serie »Kir Royal« noch in Erinnerung und den Generaldirektor Heinrich

Haffenloher vor Augen hat, der hat eine Vorstellung davon, wie der Weltstar auf mich damals wirkte. Ganz im Gegensatz zu dieser Serienfigur wedelte Adorf allerdings nicht mit Geldscheinen, sondern zeigte sich als ausgesprochen höflicher, zunächst zurückhaltender Gesprächspartner.

Als er merkte, dass ich meine Hausaufgaben gemacht hatte, taute er zusehends auf und entpuppte sich als amüsanter Geschichtenerzähler mit einer sehr nachdenklichen Seite und einem sympathischen Hang zur Melancholie.

Nach einer Weile gesellte sich seine Frau zu uns, servierte Kaffee und schmunzelte über die Anekdoten ihres Gatten, als wollte sie sagen: Ich kenne die ganze Wahrheit!

Dieses erste Gespräch mit Adorf fand vor fünfzehn Jahren statt, und ich weiß noch genau, wie beeindruckt ich davon war, dass dieser große Künstler mir jungem Radiomoderator das Gefühl gab, mich ernst zu nehmen, mich mit Respekt behandelte und unsere Unterhaltung zu genießen schien. In diesem Moment verstand ich, was Augenhöhe unter Menschen bedeutet. Mario Adorf habe ich seitdem noch öfter getroffen und jedes Mal strahlte er dieses echte Interesse an seinem Gegenüber aus, nie habe ich Allüren bei ihm bemerkt oder ihn gar schlecht gelaunt erlebt.

»Ich kann mich nicht erinnern, schon mal eine so schöne Sendung gemacht zu haben.« Was für ein Kompliment aus dem Munde eines großen deutschen Schauspielers! Hätte ich Adorfs Worte nach unserer letzten Begegnung schriftlich bekommen, würde ich sie mir einrahmen lassen, sogar auf die Gefahr hin, mir den Vorwurf des Eigenlobs einhandeln zu müssen.

Die Bedeutung der Körpersprache

Körpersprache spielt in unserer Kommunikation eine viel größere Rolle, als wir glauben. Wissenschaftler gehen davon aus, dass ein großer Teil dessen, was wir kommunizieren, nicht nur durch unsere Sprache ausgedrückt wird. Deshalb sollten wir uns der Signale, die wir aussenden, und derer, die wir empfangen, bewusst sein.

INTERVIEW MIT THORSTEN HAVENER

Thorsten Havener ist nicht nur ein faszinierender Entertainer auf dem Gebiet des »Gedankenlesens«, vor allem ist er einer der führenden Experten für Körpersprache. Mit ihm habe ich über deren Bedeutung für unsere Kommunikation gesprochen.

T.O.: Thorsten, was macht für dich ein gutes Gespräch aus?

T.H.: Wenn ich eben nicht darüber nachdenke, was ich mit meiner Körpersprache mache, was ich mit meiner Stimme mache. Richtig gut wird das Gespräch, wenn ich nicht darüber nachdenke, was ich mit den Händen mache, mit den Füßen, mit der Schulter oder ob ich jetzt richtig betone oder nicht.

T.O.: Wie groß ist die Bedeutung von Körpersprache und Betonung in einem Gespräch?

T.H.: Das ist schwer zu sagen, auf jeden Fall nicht achtzig Prozent, wie immer mal zu lesen ist. Aber die nonverbale Kommunikation trägt zu einem großen Teil zum Erfolg oder Misserfolg eines Gesprächs bei.

T.O.: Kann das jeder lernen, kann jeder den Punkt erreichen, an dem er nicht mehr über Körpersprache, Stimme, Betonung nachdenkt?

T.H.: Ja. Es gibt das Gesetz der Polarität, das besagt, dass Plus und Minus letztendlich dasselbe sind, und dieses Gesetz lässt sich auch auf die Körpersprache anwenden: Wenn sich jemand extrem viele Gedanken darüber macht und deshalb sehr routiniert ist, wird der eine Topbetonung und eine Topkörpersprache haben. Wenn sich jemand gar keine Gedanken darüber macht, hat der auch eine Topkörpersprache, beides funktioniert. Und Körpersprache ist dann immer am besten, wenn wir nicht darüber nachdenken. Stell dir vor, da ist jemand, der Angst hat, vor einer Gruppe zu sprechen, und jetzt sage ich diesem Menschen als Körperspracheexperte noch: »Pass mal auf, mit deinen Händen, da machst du ständig eine komische Bewegung und steck die auf keinen Fall in die Tasche.«

Jetzt passiert Folgendes: Diese Person geht raus und kann gar nichts mehr, weil zu ihren inhaltlichen Überlegungen und zu ihrer Aufregung kommt jetzt noch dazu, dass sie über ihre Hände nachdenkt. Und wir können nicht zwei Gedanken gleichzeitig denken. Jetzt denkt die Person die ganze Zeit an ihre Hände und das geht komplett in die Hose.

*T.O.: Wenn man in der konkreten Situation am besten
gar nicht über seine Körpersprache nachdenken sollte,
ist es dann überhaupt sinnvoll, sich im Vorfeld damit zu
beschäftigen?*

T.H.: Ja, absolut, weil die Routine eines Profis, der nicht mehr über seine Körpersprache nachdenkt, erreichen wir in der Regel erst, wenn wir es zehntausend Stunden gemacht haben. Wenn du ein Instrument lernst, erreichst du richtige Virtuosität, das hat eine Berliner Studie gezeigt, erst nach zehntausend Stunden Übung. Und bei der Körpersprache ist es ebenso. Wir reden ja ständig miteinander, und wir haben die Körpersprache ja bekommen, um unserem Gegenüber mitzuteilen, wie es uns geht, ohne miteinander sprechen zu müssen. Zum Beispiel können wir alle am Gang unseres Gegenübers ziemlich eindeutig erkennen, ob der gefährlich ist oder nicht, ob der gut oder schlecht gelaunt ist oder gar traurig. Eigentlich sind wir alle schon unheimlich gut in Körpersprache.

*T.O.: Warum haben dann so viele Menschen ein
Problem mit ihrer Körpersprache und fühlen sich
unsicher bei einem Gespräch?*

T.H.: Sich selbst und andere viel zu beobachten hilft. Und man sollte ruhig zugeben, dass man eine Schwäche oder einen Tick hat. Wenn man sich große Fernsehmoderatoren anschaut, die machen alle nach dem Lehrbuch etwas falsch. Jauch zum Beispiel stellt seine Füße immer ganz komisch, geht zudem komisch, aber das ist dem egal. Oder Gottschalk, das ist teilweise eine Katastrophe, was der macht. Das spielt aber keine Rolle, die meisten sehen das gar nicht, weil der ganze Rest so stimmig ist, der unterhält uns so gut, dass es nicht mehr auffällt, was er Komisches mit seinen Händen oder Füßen macht.

T.O.: Also ist es das Beste, ehrlich zu sein, sich nicht zu verstellen und Fehler selbst anzusprechen?

T.H.: Genau, etwas zuzugeben ist sowieso einer der besten Tricks, die es gibt. Ich war bei meinem ersten Auftritt im Münchner Zirkus Krone sehr nervös, habe sehr viel Druck empfunden und hatte Angst, Fehler zu machen. Und das habe ich dann in der Vorstellung angesprochen. Die Leute fanden das ehrlich und offen und ich war meinen Druck los. Ab dem Moment war die Nervosität nur noch halb so groß. Und Erfahrung und Routine helfen natürlich, sich immer wieder Situationen auszusetzen, in denen man nervös ist oder vor denen man Angst hat.

T.O.: Gibt es trotzdem Situationen, in denen es Sinn macht, seinem Gegenüber etwas vorzumachen?

T.H.: Wenn man richtig gut ist, schon. Und das ist ja auch etwas sehr Menschliches, nicht immer ganz aufrichtig zu sein, auch mal zu flunkern, vielleicht ein Kompliment zu machen, selbst wenn es gar nicht so ehrlich gemeint ist. Seiner Frau mal zu sagen: »Du, das Essen war sehr lecker«, das kann einen ja durchaus weiterbringen.

T.O.: Aber das Gegenüber merkt doch, wenn das Kompliment nicht ehrlich ist …

T.H.: Man sollte es natürlich nicht übertreiben, aber ich bin kein Verfechter davon, dass man immer gnadenlos die Wahrheit sagen sollte. Man schützt ja auch andere Menschen dadurch, dass man bei kleinen Dingen manchmal den Schmierstoff des Flunkerns einsetzt. Bei Kindern hilft es oft zu sagen: »Das war schon ganz okay und beim nächsten Mal wird es super« – selbst wenn es gar nicht gut war.

T.O.: Wie wichtig ist es, bei seinem Gesprächspartner auf die Körpersprache zu achten?

T.H.: Es macht auf jeden Fall mehr Sinn, als bei sich selbst darauf zu achten. Wenn man sich selbst kontrolliert, wirkt es meist komisch und das merken die Menschen. Wenn man andere beobachtet, sollte man nur im Hinterkopf haben, dass der wirkliche Schlüssel zur Körpersprache immer unsere Einstellung ist, und diese Haltung äußert sich in unserer Körpersprache. Meiner Meinung nach befassen sich auch viele Experten zu sehr mit den Äußerlichkeiten, aber das ist der falsche Weg. Man sollte immer versuchen, hinter die Fassade zu schauen, und sich fragen, warum hat mein Gegenüber oder warum habe ich selbst jetzt so reagiert. Beispiel: Du flippst aus, obwohl du das natürlich gar nicht wolltest. Der Schlüssel, um das Ausflippen in der nächsten vergleichbaren Situation zu vermeiden, liegt nicht etwa darin, sich in Selbstvorwürfen zu ergehen und zu sagen, hätte ich mich mal gelassener bewegt oder hätte ich leiser gesprochen, sondern sich klarzumachen, dass man anders darüber hätte denken sollen. Diese Äußerlichkeiten: Wo gucken die Füße hin? Was macht jemand mit seiner Schulter? Die sind gut für ein Showprogramm und da kann man den Leuten auch viel mitgeben, aber wenn es in die Tiefe gehen soll, würde ich eher gucken: Was sind die Einstellungen und wie kann ich mehr über sie herausfinden.

T.O.: Um mal bei den Fußspitzen zu bleiben. Wenn die Fußspitzen meines Chefs in unserem Gespräch nach fünf Minuten schon nicht mehr zu mir, sondern woandershin zeigen, kann ich dann daraus lesen, dass ich meine Gehaltsforderungen besser verschieben sollte?

T.H.: Das kommt darauf an. Es ist sehr schwierig, so etwas nur an einem Detail festzumachen. Nur auf die Füße zu achten oder nur auf die Augen ist zu wenig, es geht immer um den Gesamteindruck. Ich glaube, wir haben alle ein gutes Gespür, wir müssen nur lernen, darauf in solchen Situationen zu vertrauen. Wir sehen, ob es der richtige Moment für eine Forderung ist, ob der Chef wirklich ganz bei uns ist. Und wenn wir das Gefühl haben, da stimmt etwas nicht, ist der beste Trick, es anzusprechen! Vielleicht nicht direkt die Fußspitzen ansprechen, dann kommt der andere sich so analysiert vor. Aber man kann durchaus sagen: »Ich habe den Eindruck, irgendetwas stimmt nicht ganz. Ist das so?«

*T.O.: Kann ich mit meiner Körpersprache die Einstellung
meines Gesprächspartners beeinflussen, indem ich zum
Beispiel bestätigend nicke?*

T.H.: Ja, das ist meine Erfahrung. Ich habe das gelernt bei
einem Kartentrick, den ich früher gezeigt habe. Dabei habe
ich das Kartenspiel in der Schachtel jemandem im Publikum
gegeben. Und irgendwann habe ich die Karten dann wieder an
mich genommen. Der Trick dabei war, alle haben sich daran
erinnert, dass der Zuschauer mir die Karten gegeben hat, aber
nicht mehr daran, dass ich selbst sie ihm vorher zum Halten gegeben hatte. Und dann habe ich das Kartenspiel aus der
Schachtel genommen und zu dem Zuschauer gesagt: »Du hat-
test das Spiel die ganze Zeit bei dir und es ist gemischt«, und
habe dabei genickt. Und in dem Moment, in dem man nickt,
ist es schwierig für den anderen, Nein zu sagen. Es ist kein
Gesetz, aber in der Regel funktioniert es. Und danach erzählen die Leute tatsächlich weiter, dass das Kartenspiel gemischt
war, dabei haben sie es sich gar nicht angeschaut.

*T.O.: Kann ein Experte für Körpersprache andere
Menschen manipulieren?*

T.H.: Das machen wir doch alle sowieso. Stell dir vor, deine
Tochter will mit dir in »Fack ju Göthe 2«, und du denkst vielleicht, der Film ist noch nix für sie. Dann wird sie natürlich mit
allen Mitteln probieren, dich zu überzeugen, dass das genau
der richtige für sie ist. Manipulation ist ein zu großes Wort
dafür, sie vertritt ihre Idee und will dich dafür begeistern. Und

das machen wir alle. Angenommen, du hast einen potenziellen Talkgast, aber deine Redakteurinnen sind nicht so angetan, dann wirst du nicht sofort aufgeben. Wenn du von dem Gast überzeugt bist, wirst du versuchen, sie auch zu begeistern, und schon bist du dabei, Menschen zu beeinflussen.

T.O.: Aber der Grat zwischen Überzeugungsarbeit und Manipulation ist schmal. Bist du nicht manchmal versucht, deine Kenntnisse auszunutzen?

T.H.: Ich glaube, das ist wie mit Geld. Will Smith hat mal gesagt: Geld verdirbt den Charakter nicht, sondern Geld zeigt den Charakter. Wenn jemand also einen schlechten Charakter hat, wird der durch Geld nicht verschlechtert. Aber andersrum wird ein guter Charakter vermutlich viel Gutes tun mit dem Geld.

T.O.: Das Wissen um Körpersprache ist also erst einmal neutral. Man es kann positiv oder negativ einsetzen?

T.H.: Ja, ich kann ein Messer benutzen, um meinen Kindern das Pausenbrot zu schmieren, ich kann aber auch einen Menschen damit bedrohen. Das Messer ist ein Werkzeug, ich mache es zu dem, was es ist.

T.O.: Was für konkrete Tipps kannst du uns geben, zum Beispiel für das erste Date, woran merke ich, dass Frau/ Mann nicht interessiert ist?

T.H.: Wenn sie/er anfängt, sich mit anderen Sachen zu beschäftigen, zum Beispiel die Tasse oder das Glas zwischen euch stellt, obwohl sie vorher woanders stand. Oder sie/er guckt sich andere Sachen an und nicht mehr dir in die Augen. Wenn sie/er eine andere Körperhaltung einnimmt als du, seid ihr nicht mehr auf einer Wellenlänge, oder wenn sie/er anfängt, an sich oder der Kleidung zu zupfen. Das bedeutet im übertragenen Sinne: Schau mal, sogar der Staub auf meiner Bluse ist interessanter als das, was du mir gerade erzählst. Und der absolute Killer ist es, wenn der andere anfängt, seine Fingernägel zu betrachten, denn das bedeutet: Mein Nageldreck ist spannender als du!

T.O.: Was hilft noch beim ersten Date?

T.H.: Mach aufregende Sachen, die den Adrenalinpegel bei deinem Gegenüber in die Höhe schnellen lassen. Es gibt ein Phänomen, das nennt sich Fehlattribution. Es gibt dazu ein sehr eindrucksvolles Experiment. In einem Freizeitpark in Amerika gab es eine lange Hängebrücke über eine tiefe Schlucht. Wer darüber ging, hatte danach Herzrasen, weil es so aufregend war.

Bei diesem Experiment stand am Ende der Brücke eine durchschnittlich aussehende Studentin. Diese Studentin ließ die Männer, die die Brücke überquert hatten, einen Fragebogen ausfüllen und gab ihnen am Ende ihre Telefonnummer, sagte, ihr Name wäre Carolin und sie könnten anrufen, sollten noch Fragen auftauchen. Dieselbe Studentin stellte sich im zweiten Teil des Experiments auf den Parkplatz des Freizeitparks, teilte dort wieder Fragebögen an eine andere Gruppe

Männer aus, die die Hängebrücke aber schon länger hinter sich hatten und deren Adrenalinpegel schon wieder gesunken war. Am Ende sagte sie diesmal, ihr Name wäre Carlotta und sollten Fragen auftauchen, könnte man sie anrufen. Ergebnis: Bei Carolin riefen fast alle Männer an, weil sie total attraktiv auf sie gewirkt hatte, bei derselben Studentin vom Parkplatz, die sich Carlotta nannte, fast keiner. Das bedeutet, die Männer hatten beim ersten Mal das Herzrasen unbewusst nicht mit dem Erlebnis Hängebrücke assoziiert, sondern mit der Studentin, die deshalb wesentlich attraktiver wirkte.

T.O.: Woran merke ich im Allgemeinen, dass ich jemandem sympathisch bin?

T.H.: Auf Englisch sagt man: People like each other, when they are like each other. Heißt: Menschen mögen sich, je ähnlicher sie sich sind.

Man sollte immer nach Zeichen der Gemeinsamkeit gucken: Bewegt der andere sich ähnlich schnell, nickt der, wenn ich nicke. Auch wenn du gähnst und der andere gähnt mit, ist das ein Zeichen für Empathie und bedeutet: Ich bin bei dir. Wenn du mich nicht interessierst, werde ich nicht angesteckt davon und gähne nicht mit. Psychopathen gähnen übrigens nicht mit!

T.O.: Welche Tricks wendest du denn nun ehrlich im Alltag an?

T.H.: Ich wende meine Kenntnisse nie bewusst an, weil das einfach einstudiert und affig wirkt, es ist gar nicht gut, sich dauernd zu analysieren. Ich mache auch auf der Bühne Fehler, was meine Körpersprache betrifft.

Ich bin besser darin, andere zu beobachten. Es gibt eine Ausnahme, eine Sache, die ich bewusst einsetze, die sogenannte Powerpose. Es ist inzwischen wissenschaftlich belegt, dass wir uns mit einer Geste, die Selbstbewusstsein ausstrahlt, tatsächlich Selbstbewusstsein mitgeben können. Alle Macht kommt von innen! Was wir verinnerlicht haben, äußert sich in der Körpersprache, das gilt aber auch umgekehrt. Ich kann mit meiner Körpersprache meine Stimmung beeinflussen. Wenn ich gerade sitze und lächle, bin ich besserer Laune, als wenn ich mich hängen lasse. In einer amerikanischen Klinik wurde depressiven Patienten eine Halskrause verschrieben, damit die nicht nach unten gucken konnten, und diese Personen hatten danach, zumindest kurzfristig, bessere Laune. Zurück zur Powerpose: Ich stell mich vor jedem Auftritt breitbeinig hin, reiße die Arme nach oben, bleibe zwei Minuten so stehen und stelle mir vor, dass der Auftritt gut läuft, ich nehme das vorweg.

T.O.: Ein Tipp für jede Situation, die uns Angst macht?

T.H.: Vor Kurzem habe ich erst wieder ein tolles Feedback dazu bekommen. Eine Studentin, die gerade ihr juristisches Staatsexamen hinter sich hatte, erzählte mir, dass sie sich vor jeder Prüfung auf dem Klo eingesperrt hatte, um die Powerpose einzunehmen, und sich danach den Prüfungen viel besser gewachsen fühlte. Na ja, man kann darüber lächeln oder es einfach mal ausprobieren – und merken, es hilft!

T.O.: Ich werde es ausprobieren und vielen Dank für das Gespräch!

T.H.: Sehr gerne und immer daran denken: Kleine Schwächen machen nur noch sympathischer!

Wenn ich das Interview mit Thorsten Havener noch einmal Revue passieren lasse, scheint mir eine seiner wichtigsten Überzeugungen die folgende zu sein: Denken Sie während eines Gesprächs nicht über ihre Körpersprache nach! Denn wenn Sie versuchen, Ihre Hände, Füße oder Schultern zu kontrollieren oder auf Ihre Betonung zu achten, dann verkrampfen Sie sich und werden auf keinen Fall authentisch wirken. Trotzdem hilft es, sich und vor allem andere zu beobachten und sich zu fragen, warum der eine überzeugend und locker wirkt und der andere hingegen nicht. Zehntausend Stunden dauert es, bis man eine Tätigkeit virtuos beherrscht, sagt Havener. So lange können wir nicht warten, schließlich wollen und müssen wir jeden Tag private und geschäftliche Gespräche führen. Aber wir müssen ja nicht perfekt sein, wir sollten uns nur trauen, unsere Schwächen zu kommunizieren und auf diese Weise unsere Nervosität bei einem öffentlichen Auftritt, einer Rede oder einem Gespräch mit dem Vorgesetzten abzubauen.

Man sollte sich immer wieder klarmachen, dass sich die Haltung eines Menschen in seiner Körpersprache äußert. Für den Erfolg eines Gesprächs ist es enorm wichtig, hinter die Fassade des anderen zu gucken. Übung macht den Meister, und sehr bald werden Sie lernen, auf Ihr Gespür, das in uns allen schlummert, zu vertrauen. Dabei sollten Sie nie vergessen: Sie können andere mit Ihrer Mimik und Körpersprache in Ihrem Sinne beeinflussen (etwa durch zustimmendes Nicken). Zweitens: Verschwenden Sie möglichst wenig Zeit in Gesprächen mit Menschen, die nicht an Ihnen interessiert sind (ich erinnere an die Beispiele Kleidung zupfen und Fingernägel betrachten). Und drittens: Meiden Sie Menschen, die nicht mit Ihnen gähnen; es könnten Psychopathen sein oder zumindest Personen, die nicht besonders empathisch sind. Und wenn Sie vor jedem wichtigen Gespräch, vor jedem öffentlichen Auftritt die Havener'sche Powerpose einnehmen, kann eigentlich kaum noch etwas schiefgehen.

Ein paar grundlegende Punkte gibt es darüber hinaus noch zum Thema Körpersprache, die ich im Folgenden genauer beleuchten möchte.

Die richtige Körperhaltung und der richtige Gang

Jeder von uns hat schon Menschen erlebt, die einem entgegenschlurfen, dabei die Schultern hängen lassen und mit ihrer ganzen Körperhaltung signalisieren: Mein Leben ist sowieso schon anstrengend genug und jetzt muss ich mich auch noch mit Ihnen unterhalten! Also bemühen Sie sich um eine halbwegs aufrechte Haltung. Wie hat schon Oma gesagt: Kopf hoch, Brust raus und Schultern zurück. Ein Mensch, der gerade steht, strahlt Selbstvertrauen nicht nur aus, sondern eine gerade, aufrechte Haltung stärkt das Selbstvertrauen tatsächlich.

Stellen Sie sich einfach vor, Sie wären eine Marionette und eine unsichtbare Schnur würde Sie am Kopf nach oben ziehen. Sie können das ganz einfach zu Hause vor dem Spiegel üben und Sie werden den Unterschied schon nach wenigen Minuten bemerken. Das Gleiche gilt für unseren Gang. Da Sie nicht Günther Jauch sind, der die linkische Haltung, den tapsigen Gang und das schiefe Lächeln als Markenzeichen kultiviert hat, empfehle ich Ihnen, auf Ihre Körperspannung zu achten, sich beim Gehen leicht vom Boden abzudrücken und auf Ihre Schrittlänge zu achten. Machen Sie zu große Schritte, dann erinnern Sie an den großen Komiker Groucho Marx. Sind Ihre Schritte dagegen zu kurz, könnte man Sie mit einer trippelnden japanischen Geisha verwechseln. Beides wollen Sie vermutlich nicht, deshalb bemühen Sie sich um eine entspannte mittlere Schrittlänge. Aber denken Sie daran, was Thorsten Havener über Prominente und ihre Eigenheiten gesagt hat.

Gerade weil ein Günther Jauch geht, wie er geht, wirkt er besonders authentisch und sympathisch. Er ist nicht besser als wir, sondern ganz normal. Was können wir also von Deutschlands beliebtestem Moderator lernen? Unsere Haltung und unser Gang müssen nicht perfekt sein, sondern sie sollten zu uns passen! Und woran merken wir das, werden Sie jetzt fragen? Wenn Sie sich in Ihrer Haut wohlfühlen, machen Sie vermutlich schon viel richtig. Wenn nicht, denken Sie wahrscheinlich zu viel über Ihre Wirkung auf andere nach. Es ist selten von Nutzen, sich mit anderen zu vergleichen, aber stellen Sie sich jetzt bitte ausnahmsweise noch mal den sympathisch ungelenken Günther Jauch vor. Sehen Sie! Rein körpersprachentechnisch schneiden Sie mit großer Wahrscheinlichkeit gar nicht so schlecht ab. Und auch Angela Merkel ist Bundeskanzlerin geworden, ohne über die geschmeidige Eleganz einer Primaballerina zu verfügen. Der beste Tipp, den ich diesbezüglich je bekommen habe, stammt übrigens vom ehemaligen deutschen Außenminister Hans-Dietrich Genscher, der mir mal sagte: »Wissen Sie, in meiner Position hatte ich nicht so viel Zeit, über mich selbst nachzudenken. Das hat bei mir dazu geführt, dass ich mich mit zunehmendem Alter immer besser leiden kann.«

Lieblingsgast

DIE ÜBERLEBENSKÜNSTLERIN

Ich heiße Bea Green und war ein Münchner Kindl. Bis die Nazis an die Macht kamen, war ich ein glückliches Mädchen, das Dirndl trug und viel lachte. Als mein Vater von SA-Schlägern fast totgeprügelt wurde, bin ich das erste Mal tief erschrocken und ahnte, was uns Juden in unserer Heimat drohte. Den Holocaust habe ich überlebt, weil ich mit einem der letzten Kindertransporte nach London fliehen konnte. Den Engländern habe ich wohl mein Leben zu verdanken. Dass ich nach dem Krieg auch meine Eltern wiedergefunden habe, grenzt an ein Wunder. Heute ist London meine Heimat, aber das Heimweh nach Bayern spüre ich immer noch.

Wenn eine Frau von neunzig Jahren einen Raum mit schnellen Schritten durchmisst, um den Moderator der Sendung, in der sie zu Gast ist, strahlend zu begrüßen und auf Nachfrage zu betonen, dass der Flug von London zwar nicht besonders angenehm gewesen sei, dass es ihr ansonsten aber blendend gehe, dann könnte man glauben, dass diese alte Dame viel Glück im Leben gehabt haben muss.

Bea Green sieht das selbst so, aber wenn man an ihre Teenagerjahre während der Nazizeit denkt, trifft das wohl nur auf die Tatsache zu, dass es ihr gelungen ist, mit dem Kindertransport 1939 aus Deutschland zu fliehen. Damals, sie war vierzehn Jahre alt, setzte die Mama sie in München alleine in einen Nachtzug nach London, und beide wussten nicht, ob und wann sie sich wiedersehen würden. Wäre Maria Beate Siegel, wie sie damals noch hieß, nicht in den Zug gestiegen, hätten die Nazis das jüdische Mädchen mit großer Wahrscheinlichkeit ermordet.

Viele Jahre später sitzt mir Bea Green gegenüber und spricht von ihrer Liebe zu München und wie gerne sie immer wieder in ihre Heimatstadt zurückkommt. Ich spüre, wie meine Augen feucht werden, und frage sie, ob sie nicht wütend auf die Deutschen sei, die ihr die Heimat genommen haben? Nein, wieso, antwortet sie, die jungen Deutschen seien ganz tolle Menschen. Wütend sei sie nur auf Hitler, »das Mistviech«, aber der sei tot und sie lebe noch! Dann lacht Bea Green ihr Mädchenlachen, und ich glaube zu verstehen, warum diese reizende alte Dame so beneidenswert lebensfroh ist.

Der richtige Händedruck

Das Phänomen kennt jeder. Sie lernen einen Menschen kennen, geben ihm die Hand und fragen sich im selben Moment, ob der Betreffende kurz vor einer Ohnmacht steht, weil sein

Händedruck praktisch nicht vorhanden ist und seine Hand schlapp und leblos in der Ihren liegt. Es gibt natürlich auch das andere Extrem: Menschen, die einem überfallartig entgegenkommen, die Hand nicht schütteln, sondern zerquetschen und mit ihrem ganzen Auftreten demonstrieren, dass sie ab jetzt das Heft des Handelns in der Hand halten und das folgende Gespräch dominieren werden.

Fast immer sind es Männer, die so auftreten, und ich erinnere mich besonders intensiv an ein Exemplar der Spezies Alphatier bei mir in der Sendung – Uwe Hück, den Betriebsratsvorsitzenden von Porsche. Hück war vor seiner Karriere beim schwäbischen Autobauer professioneller Thaiboxer und hat heute, mit über fünfzig, immer noch die Statur eines Kämpfers. Dass er mir die Hand bei unserer Begrüßung nicht gebrochen hat, ist erstaunlich, denn der Mann packt zu wie ein Schraubstock. Das Vergnügen, mir seine Stärke zu zeigen und zu beobachten, wie ich versuchte, mir den Schmerz nicht anmerken zu lassen, war ihm dabei deutlich anzusehen. Sympathisches Auftreten geht anders, aber vermutlich hat diese Art über all die Jahre als Boxer und Betriebsrat bei Porsche gut funktioniert.

Im Gespräch gab er sich zunächst nicht weniger dominant, überraschte mich dann aber positiv, als er ganz offen von seiner schwierigen Kindheit im Heim, großen Selbstzweifeln und einem Zwiegespräch mit Gott erzählte. Wer keinen Wert darauf legt, schon beim Händeschütteln als Rambo wahrgenommen zu werden, dem empfehle ich den goldenen Mittelweg: Nehmen Sie die ganze Hand Ihres Gegenübers und schütteln Sie sie kurz und mit leichtem Druck. Außerdem sollten Sie darauf achten, dass Ihre Hand trocken und angenehm warm ist. Wer zu schwitzenden oder kalten Händen neigt, dem rate ich, sie kurz vorher unter warmes Wasser zu halten, danach trocken zu reiben und bis kurz vor dem Händedruck in der Hosentasche zu lassen.

Lächeln Sie, aber nicht zu viel!

Der richtige Händedruck ist aber nur einer von mehreren Faktoren, die den ersten Eindruck prägen. Mindestens genauso wichtig ist ein freundlicher Gesichtsausdruck; welcher Gast, Chef oder potenzieller Geschlechtspartner möchte sich mit einem Miesepeter unterhalten? Auch hier gilt wieder die Regel: Niemals zu viel des Guten, und wer ein Dauerlächeln zur Schau trägt, der wirkt selten besonders glaubwürdig, es sei denn, er hat das seltene Glück, über ein derart sonniges Gemüt wie Thomas Gottschalk zu verfügen. Ein Lächeln sollte von Herzen kommen, nur dann ist es überzeugend und wird auch so wahrgenommen. Also sehen Sie das Lächeln als Zeichen Ihrer Vorfreude auf das Gespräch. Natürlich gibt es Unterhaltungen, auf die man sich nicht unbedingt freut: Beim Zahnarzt etwa fällt einem das Lächeln bei der Begrüßung und beim Abschied oft schwer. Aber in den meisten Fällen passt die alte Weisheit: Wie man in den Wald hineinruft, so schallt es heraus. Und das Beste daran: Lächeln kostet Sie rein gar nichts!

Keine Angst vor Banalitäten!

Niemand, weder Ihr Chef noch Ihre Familie oder Ihre Freunde, erwartet von Ihnen, dass der erste Satz einer Unterhaltung gleich nobelpreiswürdig ist. Der erste Satz ist nur dann der schwerste, wenn wir uns selbst unter Druck setzen, indem wir etwas Geistreiches und dazu möglichst noch Witziges sagen wollen. Ein genialer Einstieg ist ideal, nur kann ich Ihnen aus eigener Erfahrung sagen, dass die meisten von uns so einen Geistesblitz alle Jubeljahre einmal haben. Außerdem entscheidet sich die Qualität eines Gesprächs so gut wie nie in der ersten Minute.

In der Hinsicht können wir uns einiges von den Amerikanern abschauen, denn die fürchten sich nicht davor, eine Unterhaltung mit einem freundlichen Lächeln und einem »How are you?« oder »Good to see you!« oder gar einem »You look great!« zu beginnen. Wie oberflächlich, tiefschürfend oder intensiv sich das Gespräch entwickelt, wird sich weisen, aber immerhin haben Sie die erste Hürde, die verbale Kontaktaufnahme, dann schon gemeistert. Trauen Sie sich, Ihrem Gesprächspartner ganz banale, einfache Fragen zu stellen oder, wenn es sich anbietet, ein Kompliment zu machen. Ich kenne keine Frau, die sich über ein ehrliches »Sie sehen wirklich toll aus in dem Kleid!«, und fast keinen Mann, der sich über ein »Der Anzug steht Ihnen sehr gut!« nicht freuen würde.

Wie schon erwähnt, hat jeder Mensch mindestens ein Thema, über das er gerne spricht. Deshalb ist es auch für mich so wichtig, gut vorbereitet in eine Sendung zu gehen und möglichst das Lieblingsthema meines Gastes zu ken-

nen. Wenn es irgendwie geht, schneide ich dieses Thema relativ bald zu Beginn des Gesprächs an, um das Eis zu brechen.
Denn ein Gast, der sich wohl fühlt, weil er über etwas spricht,
was ihm am Herzen liegt oder was ihm Freude bereitet, wird
sich mit mir vermutlich auch eher über ihm unangenehme
Bereiche seines Lebens unterhalten. Im richtigen Leben ist
es natürlich nicht immer möglich, sich auf jede Unterhaltung vorzubereiten. Deshalb empfehle ich Ihnen, gerade bei
spontanen Begegnungen, mit unverfänglichen und nahelie-
genden Themen zu beginnen, zu denen jeder etwas beitragen
kann. Glaubt man den Meinungsforschern, sind die beliebtesten Small-Talk-Themen »Neues aus dem Freundeskreis« und
die Preisentwicklung. Bei einer Party kann man sich trefflich
über Musik austauschen und in einer Kneipe oder Bar bieten
sich die unterschiedlichen Trinkgewohnheiten der Gäste als
Gesprächsstoff an.

Im Büro hat es sich bewährt, den Kollegen zum Leidens-
genossen zu machen und gemeinsam über die kaputte Kaf-
feemaschine oder das fürchterlich langsame Internet zu lästern. Glauben Sie mir, ein Gesprächseinstieg kann gar nicht zu
banal sein, es geht nur darum, einen Anfang zu machen und
zu signalisieren: Ich interessiere mich für dich, will dir nichts
Böses und möchte nur mit dir reden.

Lieblingsgast

DER JUNGE VOM SATURN

Ich heiße Peter Schmidt und wie Kolumbus bin ich ein Entdecker mir unbekannter Kontinente. Denn meine Welt ist eine andere als die der meisten Menschen. Als Kind haben mich Rohrverzweigungen und »Gleisspaghetti« mehr interessiert als Micky Maus und Fußballspielen. Beruflich bin ich heute als Softwareentwickler sehr erfolgreich, da ich aus meiner vermeintlichen Schwäche Autismus eine Stärke gemacht habe. Privat ist es nicht ganz so leicht: In meiner Ehe zählt nur das gesprochene Wort, ironische Anspielungen und böse Blicke kann ich nicht deuten. Mein Motto: Wer neue Wege gehen will, muss ohne Wegweiser auskommen.

Wer die amerikanische Serie »Boston Legal« kennt, erinnert sich vermutlich an den brillanten Anwalt Jerry Espenson, der beim Gehen nie die Hände von den Oberschenkeln nimmt, vor Freude wie ein Kind in die Luft springt und in unangenehmen Situationen zu schnurren beginnt. All diese Ticks und Zwänge hat Espenson aufgrund seines Asperger-Syndroms entwickelt, einer speziellen Form des Autismus. Trotz seiner überragenden Intelligenz überfordern ihn soziale Kontakte, Körperkontakt lässt er nur sehr selten zu und auf Menschen, die ihn nicht kennen, wirkt er zumindest merkwürdig.

Als mir Dr. Peter Schmidt das erste Mal gegenüberstand, musste ich sofort an diese Serienfigur denken. Auch Schmidt hat Asperger, auch ihn zeichnet diese leicht mechanische Art zu gehen und zu reden aus und auch hinter seiner auf den ersten Blick ungelenken Art verbirgt sich ein brillanter Verstand. Bevor wir mit der Aufzeichnung unseres Gesprächs beginnen konnten, mussten wir einige Schwierigkeiten aus dem Weg räumen. Erst konnte sich Dr. Schmidt bei der Wahl der Farbe seines Hemdes für unser gemeinsames Foto nur schwer entscheiden, dann dauerte es etliche Minuten, bis er eine passende Sitzposition am Tisch gefunden hatte, und als wir gerade beginnen wollten, verspürte ich bei ihm eine zunehmende Unruhe. Er begann mit den Füßen zu wippen und immer wieder auf seine Uhr zu blicken. Der Grund für seine Nervosität war nicht etwa in der bevorstehenden Sendung und der Ungewissheit begründet, was ich ihn fragen würde, sondern in dem Umstand, dass es für ihn nur möglich ist, zu ganz bestimmten Uhrzeiten die Aufzeichnung zu beginnen. Ein Beginn der Aufzeichnung etwa sieben Minuten nach der vollen Stunde würde bei ihm mehr als körperliches Unbehagen auslösen.

Als wir schließlich gut eine halbe Stunde nach dem geplanten Termin unser Gespräch aufnahmen, eröffnete Dr. Peter Schmidt den Bayern-3-Hörern und mir schnell Einblicke in sein faszinierendes Leben, das geprägt ist vom Kampf mit seinen Zwängen, dem Willen, sich trotzdem zu behaupten, und seinem verzweifelten Versuch, unsere ihm fremde, weil von Gefühlen geprägte Kommunikation zu begreifen. Aufgrund seines Asperger-Syndroms ist es Dr. Schmidt unmöglich, Gefühle in Gesichtern zu erkennen und zu deuten. Ob jemand weint, weil er traurig ist oder weil er sich so freut, sieht er einfach nicht.

Wie schwierig deshalb das Zusammenleben für ihn und seine Familie sein muss, können wir nur erahnen. Schmidts Gefühlswelt ist nicht ärmer als unsere, sie ist nur eine andere, und nicht zuletzt deshalb wirkt er zeitweise wie ein Außerirdischer, der auf die Erde katapultiert wurde und nun staunend und zweifelnd versucht, sich zurechtzufinden. Symptomatisch für seine Probleme, unsere Welt zu verstehen, erscheint mir eine Geschichte, die sich während seiner Schulzeit zugetragen hat.

Als seine Mutter ihm aus seiner Außenseiterrolle helfen wollte und ihm deshalb den Rat gab, er müsse sich gelegentlich halt durchbeißen, hatte sie am Tag danach große Mühe, die Wogen in der Schule wieder zu glätten. Ihr Sohn hatte den Ratschlag schlicht wörtlich genommen und den Arm eines ihm unsympathischen Mitschülers ausgesucht, um das eingeforderte Durchsetzungsvermögen mithilfe seiner Zähne zu zeigen. Wie vor vielen Jahren in der Schule gilt auch heute in Peter Schmidts Ehe das gesprochene Wort. Als Asperger-Autist ist es ihm nur schwer möglich, Redewendungen oder Ironie zu deuten. Ob das in einer Ehe unbedingt ein Nachteil sein muss, steht auf einem anderen Blatt. Wie fremd sich ein Mensch wie Peter Schmidt oft fühlen muss, können wir wohl nur ansatzweise verstehen. Nicht umsonst heißt eines seiner autobiographisch geprägten Bücher »Der Junge vom Saturn«.

»Manche Menschen müssen Außergewöhnliches leisten, um gewöhnlich zu sein.« Dieser Satz von Peter Schmidt, des außergewöhnlichsten Gastes, den wir je in »Mensch, Otto!« begrüßen durften, hat sich mir tief eingeprägt. Wenn es auch keines Beweises mehr bedarf, dass Mimik, Gestik und Körpersprache essenziell für unsere Kommunikation sind – die Begegnung mit Dr. Peter Schmidt hat mir wie kein anderes Erlebnis davor und danach deutlich gemacht, dass unser Leben ohne die nonverbalen Signale, ohne all die unaussprechlichen Zwischentöne, ein anderes und wohl noch komplizierteres wäre.

Kleider machen Leute!

Die passende Kleidung ist aus mehreren Gründen wichtig. Zum einen ist es eine Frage des Respekts, dass ich mich dem Anlass und dem Gesprächspartner gemäß kleide. Ob beim ersten Date, bei Gehaltsverhandlungen mit dem Chef oder auf einer Party – jeder möchte einen guten Eindruck machen und dem anderen zeigen, dass man sich auf dieses Treffen vorbereitet hat und den anderen schätzt. Über die Wichtigkeit des ersten Eindrucks haben wir schon gesprochen, und der ist, ob wir wollen oder nicht, zu einem großen Teil von Ihrem Aussehen, folglich auch von Ihrer Kleidung abhängig.

In meiner Sendung achte ich sehr darauf, Gäste durch die Wahl meines Outfits weder zu irritieren noch übertrumpfen zu wollen. Ich werde nie den showreifen Auftritt von Trigema-Chef Wolfgang Grupp vergessen, der korrekt und elegant gekleidet wie für den Besuch beim Bundespräsidenten in unserem kleinen Bayern-3-Studio saß. Der Mann sah aus wie einem Modemagazin entsprungen, nur dass an ihm nichts retuschiert war. Natürlich trug ich an diesem Tag auch einen Anzug, aber hätte ich versucht, mit seiner Eleganz zu konkurrieren, hätte ich mich nur lächerlich gemacht.

Mario Adorf ist ebenfalls ein sehr gut angezogener Mann mit einem Faible für italienische Mode und für bequeme Kleidung. Bei unserer bereits erwähnten ersten Begegnung in einer Suite des Bayerischen Hofs in München hatte er mich im Morgenmantel empfangen. Ein Mario Adorf darf das – hätte allerdings ich bei unserem Interview auch einen Morgenmantel getragen …

Und wenn Musiker wie Herbert Grönemeyer, Udo Lindenberg oder die Fantastischen Vier bei mir zu Gast sind, trage ich auch mal Jeans und T-Shirt, strebe aber nicht danach, wie ein Rocker oder Rapper auszusehen. Denn – und da sind wir beim nächsten Argument für angemessene Kleidung: Es ist wichtig, dass der Gesprächspartner sich durch mein Outfit respektiert und wertgeschätzt fühlt, aber genauso wichtig ist es, dass ich selbst mich wohl in meiner Haut fühle. Wenn Sie sich also mit Krawatte beengt fühlen, sollten Sie beim ersten Date mit einer Frau darauf verzichten. Das Objekt Ihrer Begierde wird nämlich sehr schnell merken, dass Sie nur verkleidet und somit eine Mogelpackung sind. Sollten Sie allerdings zur Kategorie Paradiesvogel zählen und sich jetzt fragen, ob Sie zum Vorstellungsgespräch bei Ihrem potenziellen neuen Arbeitgeber den Fummel von letzter Nacht anziehen können, für den Sie so viele Komplimente bekommen haben, weil Sie darin aussehen wie Conchita Wurst, würde ich Ihnen trotzdem davon abraten. Kleidung sollte vor allem zu Ihnen passen, aber ebenfalls ein wenig zum Anlass.

Auf in den Tanz

Ein weiser Mann hat einmal gesagt, dass jedes Gespräch wie ein Tanz ist, und ich halte das, obwohl ich Weisheit nur vom Hörensagen kenne, für ein sehr schönes und passendes Bild. Ein Gespräch kann langsam beginnen wie ein Slowfox, sich dramatisch entwickeln wie ein Tango, wild und ungestüm sein wie Rock 'n' Roll und, ja, manchmal auch komisch wie der Ententanz. Es ist ein Geben und Nehmen, und wie beim Tanzen müssen zwei Menschen bereit sein, selbst etwas anzubieten, sich aber auch in den anderen einzufühlen, wenn sie sich nicht dauernd auf die Füße treten wollen. Ein gutes Gespräch zu führen bedeutet zuzuhören und sich im nächsten Moment selbst mitzuteilen, und beides auf der Basis des Interesses für den anderen. Und wie beim Tanzen ist beim Reden vieles eine Frage der Routine und der Übung und nur ein kleinerer Teil eine Frage des Talents.

Die US-Amerikaner haben sich vor hundert Jahren im Durchschnitt noch vier Stunden täglich von Angesicht zu Angesicht unterhalten – heute sind es noch anderthalb Stunden und im deutschsprachigen Raum sieht es nicht besser aus. Wir mailen, simsen, whatsappen und pflegen dabei die Kunst des Gesprächs nur noch selten. Viele Jugendliche lernen gar nicht mehr, sich zu unterhalten, und viele Erwachsene rosten langsam ein. Reden verlernt man genauso wenig wie Radfahren, aber man kommt mit der Zeit aus der Übung. Und wer nicht übt, der legt bei einer spontanen Unterhaltung auf einer Party irgendwann genauso eine Bruchlandung hin wie beim freihändigen Radfahren.

Spielerische Leichtigkeit als Haltung

Mindestens genauso wichtig wie der Einstieg in ein Gespräch ist Ihre Einstellung zu sich selbst und zu Ihrem Gesprächspartner. Was ich jetzt sage, mag zunächst etwas merkwürdig klingen, aber es hat sich in all den Gesprächen in meiner Sendung bewährt: Sehen Sie möglichst jedes Gespräch als eine Art Spiel! Das bedeutet keineswegs, dass Sie Ihren Gesprächspartner nicht ernst nehmen oder nicht respektieren sollen. Aber lassen Sie es locker angehen, genießen Sie den Gedankenaustausch und versuchen Sie vor allem nicht, die Unterhaltung zu dominieren. Auf den Punkt gebracht: Üben Sie sich in der Leichtigkeit des Gesprächs! Wenn Sie von Anfang an nicht zu viel erwarten und weder sich noch Ihr Gegenüber unter Druck setzen, werden Sie am Ende mehr Spaß gehabt und Ihre Ziele erreicht haben.

Den meisten Menschen fällt es leichter, über Dinge zu sprechen, die sie mögen und von denen sie etwas verstehen. Reden Sie deshalb über Themen, die Sie wirklich interessieren, und fragen Sie nur das, was Sie wirklich wissen wollen. Kinder tun das, wir Erwachsene haben es entweder verlernt oder es wurde uns aberzogen, aufrichtig und authentisch zu sein. Aber erst wenn Sie sich darauf besinnen, was der eigentliche Sinn eines Gesprächs ist, nämlich zu versuchen, mehr über den anderen und somit auch über sich zu erfahren, werden Sie sich entwickeln und ein besserer »Unterhalter« werden. Unterhalten Sie sich im Wortsinn, seien Sie unterhaltsam! Machen Sie sich über sich selbst lustig, flirten Sie, bringen Sie Ihr Gegenüber mit kurzen(!), witzigen Geschichten zum Schmunzeln, inspirieren Sie es – Sie werden merken, mit ein wenig Übung wird es Ihnen gelingen, auch das Jahresgespräch mit dem Chef so zu gestalten, dass Sie sich zumindest nicht mehr davor fürchten.

Und vermutlich werden Sie sogar mehr erreichen, als Sie erwartet haben. Trainieren Sie diese spielerische Leichtigkeit ganz einfach zu Hause in der Familie oder bei Freunden, und Sie werden überrascht sein, wie gut diese Art der Gesprächsführung ankommt.

DIE 10 BESTEN TIPPS, UM EIN GESPRÄCH ZU BEGINNEN

1. Wenn möglich, bereiten Sie sich auf Ihren Gesprächspartner vor (jeder Mensch hat mindestens ein Thema, über das er gerne spricht).

2. Kleiden Sie sich der Situation und dem Gesprächspartner angemessen, damit Sie beide sich wohlfühlen.

3. Zeigen Sie Interesse (Blickkontakt, Nicken als Bestätigung, Lächeln), so schaffen Sie eine vertrauensvolle Atmosphäre.

4. Gehen Sie ohne Vorurteile in ein Gespräch und reden Sie mit jedem auf Augenhöhe und mit Respekt.

5. Seien Sie Sie selbst und machen Sie sich möglichst keine Gedanken darüber, wie Sie ankommen. Sie können es sowieso nicht jedem recht machen.

6. Beginnen Sie das Gespräch mit angenehmen Themen und haben Sie keine Angst vor Banalitäten.

7. Erzählen Sie kurze, witzige Anekdoten, seien Sie unterhaltsam.

8. Stellen Sie offene Fragen, dann bekommen Sie keine einsilbigen Antworten.

9. Hören Sie gut zu und merken Sie sich die Antworten des Gesprächspartners.

10. Versetzen Sie sich in Ihr Gegenüber und zeigen Sie von Beginn an Empathie.

DAS GESPRÄCH IM FLUSS HALTEN

Entspannen Sie sich!

Sie haben die erste Hürde genommen, Ihr Gegenüber mit einem Lächeln begrüßt, eine Einstiegsfrage gestellt, ein Kompliment gemacht, und jetzt sitzen Sie sich am Tisch gegenüber oder stehen im Büro oder der Bar nebeneinander und möchten wissen, wie es jetzt weitergeht, wie das Gespräch im Fluss bleibt und was Sie tun können, sollte die Konversation ins Stocken geraten.

Das Wichtigste ist, dass Sie jetzt nicht verkrampfen. Denken Sie daran, jedes Gespräch als eine Art Spiel zu betrachten! Ihr Leben hängt im Zweifelsfall nicht davon ab, und selbst das Jahresgespräch mit dem Chef wird vermutlich längst nicht so unangenehm, wie Sie befürchten. Überlegen Sie sich einfach, was im schlimmsten Fall passieren kann, wenn die Unterhaltung in die Hose geht. Mit ganz wenigen Ausnahmen lautet die

Antwort: Wenig bis nichts! Aber – können Sie jetzt einwenden – ich mache mich doch lächerlich, wenn mir nichts Kluges einfällt und ich nicht schlagfertig bin. Glauben Sie mir, Ihr Gegenüber, und da spielt es keine Rolle, ob es sich um den Chef, eine Verabredung oder den Kunden handelt, ist im Zweifelsfall so mit sich selbst beschäftigt, dass ihm gar nicht auffallen wird, dass Sie gerade kein verbales Feuerwerk abbrennen. Also entspannen Sie sich, hören Sie zu und stellen Sie einfache Fragen. Das ist übrigens einer der Gründe, warum ich meinen Beruf als Moderator so liebe: Es ist viel leichter, Fragen zu stellen, als Antworten zu geben. Die beste aller Fragen ist auch eine der einfachsten: Warum? Warum haben Sie diesen Beruf gewählt? Warum sind Sie in der Stadt? Warum haben Sie das getan?

An dieser Stelle möchte ich Ihnen ein kleines Spiel vorschlagen. Suchen Sie sich jemand in Ihrer Familie oder Ihrem Freundeskreis aus, dem Sie vertrauen, und beginnen Sie das Gespräch mit einer Aussage wie zum Beispiel: »Ich bin ein zufriedener Mensch.« Ihr Gegenüber fragt: »Warum?« Es folgt Ihre Antwort, die wieder mit »Warum?« hinterfragt wird, und so weiter. Nach einer Weile wechseln Sie die Rollen und aus dem Fragesteller (»Warum?«) wird der, der die Antworten gibt. Dieses Frage-Antwort-Spiel ist ein tolles Training für alle möglichen Gesprächssituationen, weil es Ihre Fähigkeit schult, schnelle und kreative Antworten zu geben, und weil es zeigt, dass man theoretisch schon mit einer einzigen Frage in einem Gespräch relativ weit kommt. Ist das nicht beruhigend? Wenn Sie zu den Menschen gehören, denen es schwerfällt, witzige Anekdoten zu erzählen oder über sich selbst zu sprechen, lernen Sie, zuzuhören und Fragen zu stellen. Ich verspreche Ihnen, die meisten Menschen werden sagen, dass sie sich schon lange nicht mehr so gut unterhalten haben. Das liegt einfach daran, dass wir oft gar nicht richtig zuhören, sondern nur darauf warten, dass unser Gesprächspartner seinen Satz beendet, um dann selbst wieder senden zu können. Und so reden wir meistens aneinander vorbei, was für beide Parteien unbefriedigend ist. Bei solchen Pseudogesprächen erfahren wir nichts Neues, da wir die Geschichten, die wir erzählen, oder die Thesen, die wir aufstellen, bereits kennen. Wer wirklich zuhören kann, beherrscht eine seltene Kunst, die ihn zu einem gefragten Gesprächspartner macht, auch wenn er kein großer Redner ist. Wie hat schon der große Grieche Platon formuliert: »Lerne zuzuhören und du wirst auch von denjenigen Nutzen ziehen, die dummes Zeug reden.« Und von dieser Spezies gibt es bekanntlich nicht nur unter Moderatoren und Politikern nicht zu wenige …

Sollten Sie dagegen ein Mensch sein, der gerne redet, dann üben Sie sich darin, kurze Geschichten zu erzählen. Es ist fürchterlich anstrengend und letztlich zerstört es jeden Versuch einer Unterhaltung, wenn einer der Gesprächspartner Monologe hält. Ich kenne nur ganz wenige Menschen, denen man buchstäblich an den Lippen hängt, weil sie derart grandiose Geschichtenerzähler sind. Mario Adorf zählt zu dieser seltenen Spezies. Ich werde nie vergessen, wie er von seiner Zeit als junger Schauspieler in Rom und den Angeboten der Mafia berichtete, die man normalerweise nicht ablehnt. Allein durch Adorfs Erzählkunst wurde Mario Puzos »Der Pate« für mich lebendig, und ich hätte ihm noch stundenlang zuhören können, ohne eine einzige Frage zu stellen.

Ein ähnliches Niveau erreicht vielleicht noch sein Kollege Armin Rohde. Der ganze Mann ist ein einziges Naturereignis! Wenn ich es auf den Punkt bringe, warum Rohde einer meiner absoluten Lieblingsgäste und ein fabelhafter Gesprächspartner ist, dann liegt das nicht nur an seiner Gabe, Geschichten zum Leben zu erwecken, weil er ein grandioser Schauspieler ist. Das Geheimnis ist: Armin Rohde ist schmerzfrei, in Bayern würden wir sagen: »Der scheißt sich nix!« Natürlich weiß der Mann um seine Wirkung und auch um die Narrenfreiheit, die er als bekannter Schauspieler und Komödiant genießt. Aber er könnte gar nicht anders, als derart extrovertiert zu agieren, sonst würde er vermutlich platzen vor Energie.

Was wir alle daraus lernen können? Ganz einfach: Hören wir doch auf, mehr oder anders scheinen zu wollen, als wir sind. Versuchen wir, ein wenig mehr wir selbst zu sein in einem Gespräch.

Das bedeutet aber auch, dass wir zugeben, wenn wir unsicher und nervös sind oder uns gerade nichts besonders Kluges oder Originelles einfällt. In neun von zehn Fällen wird der Gesprächspartner Verständnis haben, weil er es selbst erlebt hat. Und sollte uns jemand unsere Ehrlichkeit als Schwäche auslegen und gegen uns verwenden, dann macht ein Gespräch sowieso keinen Sinn und es ist Zeit, die Unterhaltung zu beenden.

Trauen Sie sich, sich zu öffnen!

Wenn Sie das Eis gebrochen haben, ist es Zeit, den nächsten Schritt zu gehen, damit das Gespräch Fahrt aufnimmt. Wer wirklich etwas Tiefergehendes von seinem Gesprächspartner erfahren will, muss bereit sein, sich selbst zu öffnen. Der große Existenzialist Albert Camus hat es wesentlich schöner so formuliert: Das echte Gespräch bedeutet, aus dem Ich herauszutreten und an die Tür des Du zu klopfen. In meiner Sendung »Mensch, Otto!« mache ich immer wieder die Erfahrung, dass die Manager mancher prominenter Gäste bestimmte Themen, die ihnen heikel erscheinen, schon im Vorfeld ausklammern wollen. Da heißt es dann im Vorgespräch mit meiner Redaktion: »Über diese Geschichte wird Herr X aber auf keinen Fall sprechen« oder: »Zu dem Thema wird Frau Y keine Fragen beantworten.« In der Sendung lösten sich die Vorbehalte dann oft in Luft auf. Die Gespräche, in denen ein Prominenter eine Frage tatsächlich nicht beantworten wollte, kann ich an einer Hand abzählen. Auma Obama, die Halbschwester des amerikanischen Präsidenten, wurde zunehmend einsilbig, als ich mit ihr über das Verhältnis zu Barack sprechen wollte. Ich kam auf die Idee, ihr von meinem Halbbruder zu erzählen, den ich leider noch nie getroffen habe.

Offensichtlich fasste sie daraufhin ein wenig Vertrauen zu mir, denn sie ließ sich dann doch entlocken, dass Barack und sie sehr eng miteinander wären und dass sie ihm nach seiner Wahl zum Präsidenten mit dem schlichten Satz »Gut gemacht, kleiner Bruder!« gratuliert hatte. Was für eine wunderbare kleine Geschichte, die den amerikanischen Präsidenten als das zeigt, was er hinter der grandiosen Aura der Macht im Kern ist – ein Mensch, der manchmal nur ein kleiner Bruder ist und mit dem zumindest seine Schwester privat auf Augenhöhe reden kann.

Auch bei Sarah Connor war es eine Gemeinsamkeit und mein offener Umgang damit, der die Sängerin sehr emotional über ein Thema sprechen ließ, zu dem sie sich zumindest mündlich zunächst nicht äußern wollte. Kurz vor ihrem Besuch bei »Mensch, Otto!« hatte ein Artikel in der »Zeit« für Aufsehen gesorgt, in dem Sarah erklärte, warum sie eine syrische Flüchtlingsfamilie bei sich zu Hause aufgenommen hatte, und in dem sie sehr offen beschrieb, wie sich ihr Leben seitdem verändert hatte. Bevor die Sendung begann, erzählte ich Sarah, dass auch meine Frau sich um eine junge afghanische Flüchtlingsfamilie kümmern würde und wir ganz ähnliche, positive Erfahrungen, wie von ihr in dem Artikel geschildert, gemacht hätten. Obwohl nach dem Vorgespräch klar zu sein schien, dass sie sich nicht weiter zu der Flüchtlingsfamilie äußern würde, sprach die Sängerin dann sehr offen und bewegend über ihre Erlebnisse. Sie habe jetzt Freunde im Haus, die ihr Leben nur bereichert hätten. Sie habe einen kleinen Unterschied machen wollen und würde jetzt so viel mehr an Zuneigung zurückbekommen, als sie geben könnte. Selten habe ich nach einem Gespräch mehr Mails und Anrufe von Menschen erhalten, die mir sagten, dass sie gar nicht gewusst hätten, was diese Sängerin für eine großherzige, engagierte Person sei, und dass sie jetzt ein ganz anderes Bild von Sarah Connor hätten.

Ich weiß nicht, ob der englische Philosoph Theodore Zeldin recht hatte, als er schrieb, dass ein gutes Gespräch die Welt verändern kann. Aber ich bin mir sicher, dass ein gutes Gespräch mit Vorurteilen aufräumen und somit das Weltbild einzelner Menschen verändern kann. Aber das funktioniert nur, wenn wir bereit sind, uns unserem Gesprächspartner mit Interesse und Empathie zuzuwenden und zu öffnen.

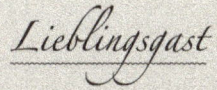

GÖTZ ALSMANN

Das Thema Offenheit ist ein entscheidender Punkt. Wahrhaftige Momente, also Momente, in denen der Mensch sich nicht verstellt, weil er nicht auf seine Wirkung bedacht ist, habe ich viel seltener in Gesprächen mit Prominenten als mit Menschen erlebt, die nicht auf diese Weise in der Öffentlichkeit stehen. Prominente haben sich fast immer im Griff und wissen, was sie erzählen wollen und was nicht. Umso ungewöhnlicher deshalb eine Situation, die ich mit dem Musiker und Entertainer Götz Alsmann erleben durfte.

Wir sprachen über die Bedeutung von Freundschaft und plötzlich stockte Götz, offenbar ging ihm das Thema sehr nahe. Seine Augen begannen feucht zu glänzen und ich fragte ihn, ob wir eine Pause machen sollten, was er ablehnte. Er erzählte mir dann, dass er gerade an den Verlust eines für ihn sehr wichtigen Menschen erinnert worden war. Ich bot ihm sofort an, die entsprechende Sequenz aus dem aufgezeichneten Gespräch zu entfernen, aber Götz wollte das nicht, seine Gefühle seien echt und es sei ihm keineswegs peinlich. Nach dem Gespräch überlegte ich kurz, ob ich ihn schützen müsste, indem ich die Passage doch entfernte, entschied mich aber aus einer Intuition heraus dagegen.

Die Reaktionen der Bayern-3-Hörer auf die Tränen von Götz Alsmann waren übrigens überwältigend positiv, dabei zeugten die Mails und Anrufe keineswegs von Voyeurismus, sondern von großer Empathie, aber auch von Überraschung ob seiner Ehrlichkeit. Offenbar sind wir es nicht gewohnt, dass Menschen, noch dazu Prominente, in der Öffentlichkeit aufrichtig sind.

Keine Monologe!

Wir alle kennen folgende Situation, die mit Vorliebe auf Partys, aber auch in Firmen entsteht. Ein Mensch, fast immer übrigens ein Mann, reißt die Unterhaltung an sich, indem er eine Geschichte oder, noch schlimmer, einen Witz nach dem anderen erzählt. Spätestens nach zehn Minuten hat er erreicht, was bestimmt nicht seine Absicht war – er langweilt seine Zuhörer mit seinem Monolog. Sollten Sie also in Versuchung geraten, eine längere Geschichte zu erzählen oder mehr als nur einen Witz, versetzen Sie sich zunächst kurz in Ihre Zuhörer und fragen Sie sich, ob die Ihnen in zehn Minuten immer noch gerne und aufmerksam lauschen. Ich kenne vielleicht eine Handvoll Menschen, denen man stundenlang zuhören könnte, weil sie grandiose Erzähler sind. Den einen, Mario Adorf, habe ich schon erwähnt. Der zweite ist der leider viel zu früh verstorbene Schriftsteller und Moderator Roger Willemsen, einer der gescheitesten, unterhaltsamsten und vor allem feinsten Menschen, die ich je kennenlernen durfte. Zur selben Kategorie gehörte Großkritiker Hellmuth Karasek, den ich mehrfach in »Mensch, Otto!« begrüßen durfte und dessen lebenskluge, kritische und witzige Art ich vermissen werde.

Als ich ihn einmal nach seinem Lieblingswitz fragte, überlegte er kurz, dann sprudelten mehrere Witze aus ihm heraus, und als ich vor Lachen schon nicht mehr konnte, setzte Deutschlands bekanntester Literaturkritiker noch einen drauf: »Ayatollah Khomeini geht in Zürich durchs Rotlichtviertel. Da öffnen sich die Fenster und Türen, und mehrere Prostituierte rufen: »Komm eini!« Darauf schüttelt der Ayatollah den Kopf, zeigt mit beiden Händen in Richtung seines Schoßes und sagt: »Geht nicht, is lahm.« Ihm folgt unerwartet der Papst, der mit einer siegessicheren Geste fröhlich ausruft: »Vati kann!«

Natürlich sind Witze immer Geschmackssache, aber durch die spitzbübische Art, mit der Karasek seine Witzkaskaden zelebrierte und mit seiner schalkhaften Mimik untermalte, waren sie einfach unterhaltsam. Sollten Sie jedoch nach gewissenhafter und aufrichtiger Selbstprüfung zu dem Schluss kommen, dass Ihr komödiantisches Talent nicht ganz so ausgeprägt ist wie das von Karasek, machen Sie es kurz! Erzählen Sie einen Witz, eine kleine Anekdote und reihen Sie sich dann wieder in die Riege der Zuhörer ein. Ihre Mitmenschen werden es Ihnen danken und Sie werden Ihren Ruf als angenehmer und pointierter Gesprächspartner untermauern.

Was Sie tun können, wenn ein Gespräch langweilig zu werden droht

Ich habe die Erfahrung gemacht, dass in jedem Gespräch irgendwann der Punkt kommt, an dem zumindest einer der Teilnehmer sich zu langweilen beginnt. Grundsätzlich ist das keine Katastrophe, denn bekanntlich ist nichts für die Ewigkeit und das gilt auch für jedes noch so ergiebige Gespräch. Wenn das Gefühl von Langeweile erst nach einer halben oder Dreiviertelstunde aufkommt, können Sie guten Gewissens darüber nachdenken, wie Sie die Unterhaltung entspannt und elegant beenden.

Auch die Kunst, ein Gespräch elegant zu beenden, sollten Sie beherrschen, deshalb werde ich mich diesem Thema gleich noch etwas ausführlicher widmen. Schwieriger wird es, wenn der Partner nach wenigen Minuten bereits signalisiert, dass er nicht bei der Sache ist, weil er sich offenbar langweilt. Es gibt Signale, an denen Sie erkennen, dass sich ein Thema erschöpft hat oder Ihr Gegenüber nur noch körperlich anwesend ist. Diese Warnzeichen sind nicht immer eindeutig, aber mit ein wenig Übung werden Sie lernen, darauf zu achten und sie zu erkennen.

Wenn etwa der andere nur noch wiederholt, was Sie kurz zuvor gesagt haben, anstatt nachzufragen oder selbst etwas zur Unterhaltung beizutragen, ist das ein klares Indiz dafür, dass er sich langweilt. Sie sollten in einem solchen Fall schnell das Thema wechseln, um sein Interesse nicht komplett zu verlieren. Auch ein Gesprächspartner, der sich im Raum umschaut oder dessen Blicke immer wieder zu seiner Uhr oder seinem Smartphone wandern, ist in Gedanken nicht bei Ihrem Gespräch, sondern woanders. Ein Themenwechsel kann die Situation retten, erinnern Sie sich daran, dass jeder Mensch mindestens ein Thema hat, über das er gerne spricht. Jetzt ist es an der Zeit, dieses Thema anzusprechen.

Es kann frustrierend sein, sich mit jemandem zu unterhalten, der sich zunächst einmal für kein Gesprächsthema begeistern lässt. Ich erinnere mich an einen Besuch von Comedian Oliver Pocher in »Mensch, Otto!«. Eine halbe Stunde versuchte ich vergebens, ihn mit meinen Fragen aus der Reserve zu locken. Aber er zeigte keinerlei Emotionen, ließ sich nicht provozieren und antwortete kurz, einsilbig und meist gelangweilt. Bis mir einfiel, dass Pocher einer der größten lebenden Fans des Fußballvereins Hannover 96 ist.

Ich fragte ihn, ob es stimme, dass er schon bei den Profis mittrainiert habe. Innerhalb von Sekunden taute er auf und erzählte mit leuchtenden Augen, dass es sein Lebenstraum gewesen wäre, Fußballprofi zu werden, es aber mangels überragendem Talent nur zum Komiker gereicht hätte. Als ich ihm dann von meinem ebenfalls geplatzten Traum berichtete, Basketballprofi zu werden, hatten wir eine gemeinsame Ebene gefunden und die zweite Hälfte unseres Gesprächs war geprägt von einem Pocher in Höchstform, der mit der ihm eigenen Lust an Provokation und Übertreibung auch persönliche Fragen beantwortete.

Lieblingsgast

DIETER HILDEBRANDT

Wer viele Jahre in der Öffentlichkeit steht, kennt die Regeln des Showgeschäfts. Das führt in manchen Fällen zu einer gewissen Abgeklärtheit. Als Gesprächspartner sind das die Gäste, die ein paar schöne Anekdoten erzählen, ansonsten aber nicht viel Persönliches preisgeben. Im besten Fall entwickelt der Künstler aber eine Souveränität, die sich in einer entwaffnenden Ehrlichkeit äußert wie bei dem legendären Kabarettisten Dieter Hildebrandt, der mir erklärte, dass alte Männer wie er gefährlich seien, da sie nichts mehr beweisen wollten, nichts zu verlieren hätten und deshalb auf nichts und niemand Rücksicht nehmen müssten. Dies führe dazu, dass sie stets die Wahrheit sagen würden, und die könne unangenehm für den anderen sein.

Als unangenehm habe ich seine klaren und bis ins hohe Alter scharfsinnigen Meinungsäußerungen nie empfunden, meist vielmehr als bereichernd und als Ausdruck seiner humorvollen Haltung dem Leben gegenüber. Er hat nichts zu leicht genommen und sich selbst nie zu ernst.

Warum Sie stets überraschend bleiben sollten

Jedes gute Gespräch hat eine Melodie. Ähnlich wie ein Musikstück lebt auch das Gespräch davon, dass Tempo und Rhythmus sich im Laufe der Unterhaltung verändern, damit es nicht eintönig wird. Ich gebe zu, das ist eine Übung für Fortgeschrittene in der Kunst des Gesprächs. Aber wer es versteht, das Tempo und den Rhythmus einer Unterhaltung zu bestimmen und zu verändern, der wird auch von schwierigen Gesprächspartnern oft überraschende Antworten bekommen. Ganz abgesehen davon, dass lebendige Gespräche nur dann entstehen, wenn sich die Partner die Bälle mit gewissem Schwung und Schmackes zuwerfen und man das Gefühl hat, dass die Unterhaltung einer unsichtbaren Dramaturgie folgt. Sicherlich kommt es vor, dass die Protagonisten derart auf einer Wellenlänge liegen, dass dieser »Flow« entsteht, ohne dass sie ihn bewusst herbeiführen oder beeinflussen. In den meisten

Fällen ist es aber einer der Partner, der Tempo und Rhythmus der Kommunikation steuert. Wie kriegt man das hin? Die Antwort ist einfach: Indem Sie jedes Gespräch oder Interview als eine Art psychologisches Pingpongspiel betrachten.

Im Kern geht es darum, sein Gegenüber zu überraschen. Fragen Sie antizyklisch, das heißt, wenn Ihr Gegenüber sehr ausführlich antwortet, dann stellen Sie ihm eine knappe, pointierte Frage. Antwortet er dagegen einsilbig, formulieren Sie die nächste Frage etwas länger, damit er Zeit hat zu überlegen. Trauen Sie sich, unkonventionelle Fragen zu stellen und entstehende Gesprächspausen auszuhalten. Wie in der Musik spielt die Pause auch im Gespräch eine gewichtige Rolle, denn die Stille nach einer Frage hat oft genauso viel oder sogar mehr Aussagekraft als die Antwort selbst. Wenn Sie in einem Interview kritische Fragen stellen und nicht sofort eine Antwort bekommen, so ist das kein Beinbruch. Seien Sie hartnäckig, wiederholen Sie die Frage. Das ist ein wunderbares Stilmittel, um Politiker, Chefs sowie Ehemann/Ehefrau aus der Reserve zu locken.

Es gibt grandiose Interviews meist angelsächsischer Journalisten, die Politikern dieselbe Frage drei-, viermal gestellt haben, bis der so Gequälte endlich mit einer befriedigenden Antwort rausrückte. Eines meiner Lieblingsbeispiele ist das legendäre, von Hollywood verfilmte Interview, das der britische Moderator David Frost mit dem damaligen amerikanischen Präsidenten Richard Nixon führte. Dieses Interview ist eine Meisterleistung auf dem Gebiet des Gesprächs, weil dem Talkshowmoderator Frost gelang, was ihm keiner der seriösen Zeitungsjournalisten zugetraut hatte: Nixon zu einem Eingeständnis seiner Schuld in der Watergate-Affäre und einer Bitte um Entschuldigung zu bewegen. Natürlich war Frost gut vorbereitet, beherrschte das Handwerk des Fragenstellens, aber vor allem schaffte er es, den abgezockten Machtpolitiker Nixon zu überraschen. Wie er das genau anstellte, würde an dieser Stelle zu weit führen, aber ich empfehle jedem Leser zur Vertiefung den grandiosen Spielfilm »Frost/Nixon«. Und selbst wenn Sie nicht vorhaben, den amerikanischen Präsidenten zu interviewen, lohnt es sich, überraschende Momente in ein Gespräch einzubauen. Sie werden mehr von Ihrem Gegenüber erfahren und Sie werden vor allem mehr Spaß bei der Sache haben.

DIE 10 BESTEN TIPPS, UM EIN GESPRÄCH IM FLUSS ZU HALTEN

1. Betrachten Sie jedes Gespräch wie eine Art Tanz, der einen Rhythmus hat, ein Geben und Nehmen.

2. Lassen Sie es locker und spielerisch angehen und stellen Sie einfache Fragen.

3. Bringen Sie Leidenschaft und Begeisterung in eine Unterhaltung, das wirkt ansteckend.

4. Reden Sie nur über Themen, von denen Sie etwas verstehen oder die Sie interessieren.

5. Üben Sie sich in der Kunst des Zuhörens und senden Sie nicht nur.

6. Fragen zu stellen ist einfacher, als Antworten zu geben.

7. Erzählen Sie kurze Geschichten, keine Monologe.

8. Suchen Sie nach Gemeinsamkeiten und sprechen Sie diese an.

9. Seien Sie möglichst ehrlich, mehr Sein als Schein.

10. Bleiben Sie in Interviews hartnäckig, fragen Sie, bis Sie eine befriedigende Antwort bekommen.

DAS GESPRÄCH ZU EINEM (GUTEN) ENDE FÜHREN

Wie Sie ein Gespräch elegant beenden

Es gibt die unterschiedlichsten Gründe, warum es geboten ist, ein Gespräch zu beenden, als da zum Beispiel wären: Die eingeplante Zeit ist um, man hat sich nichts mehr zu sagen, das Gespräch ist unwiderruflich festgefahren oder Sie haben schlicht Ihr Gesprächsziel erreicht. Vielen Menschen fällt es schwer, ein Gespür dafür zu entwickeln, wann es an der Zeit ist, eine Unterhaltung zu beenden. Wir alle kennen solch unangenehme Situationen mit Fremden auf einer Party, mit Kollegen im Büro oder mit Freunden zu Hause. Irgendwann geht einem der Gesprächsstoff aus, man langweilt sich oder möchte schlicht noch mit anderen Menschen im Raum sprechen. Aber wie stellt man es elegant an, eine Unterhaltung zu beenden, ohne unhöflich zu sein oder den anderen gar zu beleidigen?

Für alle Beteiligten ist eine Unterhaltung, die nur noch dahinplätschert und mühsam am Leben gehalten wird, anstrengend und vor allem zeitraubend. Also tun Sie sich und Ihrem Gegenüber einen Gefallen und machen Sie der Quälerei ein Ende, und zwar möglichst ohne Umschweife. Natürlich hängt es von der Situation ab, in der Sie sich gerade befinden, wie schnell und wie direkt Sie das Gespräch beenden. Sollten Sie sich auf einem Empfang des Bundespräsidenten befinden und Joachim Gauck möchte ein paar Worte mit Ihnen wechseln, würde ich Ihnen empfehlen, sich ein wenig Zeit zu nehmen, auch wenn Sie gerade viel lieber mit der blonden Hostess anbandeln würden, die die Häppchen reicht. Aber ein Minimum an Gespür für die Situation setze ich einfach mal voraus, denn sonst hätten Sie gar nicht zu meinem Buch gegriffen.

Reden Sie nicht um den heißen Brei herum!

Am einfachsten beenden Sie ein Gespräch, indem Sie um Entschuldigung bitten und kommunizieren, dass Sie noch mit einer anderen Person im Raum sprechen müssen. Gerade bei Empfängen, Partys, Einladungen mit mehreren Gästen erscheint mir das als eine sehr angemessene Methode. Natürlich macht auch hier wieder der Ton die Musik: Ein freundliches »Es tut mir leid, ich würde mich gerne noch länger mit Ihnen unterhalten, aber ich muss unbedingt Frau/Herrn XY noch sprechen«, begleitet von einem kleinen Lächeln, wird wohl niemand in den falschen Hals bekommen.

Der perfekte Spruch zum Schluss

Wer sich mit einem Spruch oder einer witzigen Bemerkung verabschieden möchte, um sich danach der nächsten Person zuzuwenden, der sollte schon die hohe Schule der Kommunikation beherrschen. Ein wahrer Meister darin, eine Unterhaltung zu beenden, ohne dass er einem das Gefühl gibt, man würde gerade dumm stehengelassen, ist Starkoch Alfons Schuhbeck.

Ich habe ihn mehrfach dabei beobachtet, wie er die fünfzig Meter, die in München zwischen seinen beiden Restaurants liegen, unter zehn Minuten zurücklegt, obwohl er auf dem kurzen Weg regelmäßig von geschätzt zwanzig Menschen angesprochen wird. Trotzdem hat er für jeden ein nettes Wort, ein Schulterklopfen oder zumindest ein Autogramm übrig und alle freuen sich über ein paar Sekunden Aufmerksamkeit vom Schuhbeck. Bis heute ist mir ein Rätsel, wie der »Fonse« das macht. Da steckt mehr dahinter, aber dieses Geheimnis habe ich noch nicht gelüftet. Inzwischen bin ich allerdings sicher, es funktioniert auch deshalb, weil es ihn nicht anstrengt und die Menschen spüren, dass er gerne mit ihnen redet.

Der Trinkspruch

Wer es einfacher möchte, dem empfehle ich, sein Glas zu Hilfe zu nehmen. Das funktioniert auch wieder auf Partys und Empfängen besonders gut. Prosten Sie Ihrem Gegenüber zu und verabschieden Sie sich mit den Worten: »Es war schön, mit Ihnen zu reden, aber ich glaube, es wird erwartet, dass wir uns unter die Leute mischen.«

Die Übergabe

Schon etwas mehr Raffinesse verlangt die folgende Methode, die einem umgekehrten Abklatschen beim Tanzen ähnelt. Reichen Sie Ihren Gesprächspartner einfach an den nächsten Bekannten weiter, indem Sie die beiden einander vorstellen, ein gemeinsames Thema ansprechen und zum Schluss Ihrer Hoffnung Ausdruck verleihen, dass die beiden in den nächsten Minuten auch ohne Sie zurechtkommen werden.

Unter vier Augen

Noch schwieriger wird es oft, wenn man ein privates oder geschäftliches Gespräch unter vier Augen führt, bei dem nicht die Möglichkeit besteht, sich so einfach zu »verdrücken« oder »abzuklatschen«. Jeder kennt dieses unangenehme Gefühl, dass der andere vielleicht beleidigt sein könnte, wenn man sich jetzt verabschiedet. Aber ich kann Ihnen versichern, in den meisten Fällen empfindet Ihr Gegenüber gerade genauso und wird Ihnen nur dankbar sein, wenn Sie das Gespräch zügig beenden. Im Übrigen, was bringt es dem anderen, wenn Sie nicht mehr ganz bei der Sache sind und nur auf den nächstbesten Moment warten, um zu gehen.

Bevor das Gespräch zur Qual wird, denken Sie an die Binsenweisheit: Besser ein Ende mit Schrecken als ein Schrecken ohne Ende! Ich empfehle Ihnen deshalb, so ehrlich wie möglich zu sein und dem anderen höflich, aber bestimmt zu erklären, dass Sie zum nächsten, genauso wichtigen Termin müssen und dort ebenfalls pünktlich sein möchten.

Auch ich hatte in meinen Anfangsjahren als Talker große Probleme, Gespräche mit speziellen Gästen zum Ende zu bringen, weil ich dachte, es wäre unhöflich, den anderen nicht ausreden zu lassen, bis ihm wirklich gar nichts mehr einfällt. Ich erinnere mich mit Grausen an eine »Mensch, Otto!«-Sendung mit Rolf Eden, dem Altmeister der Playboys, der mit immer noch einer schlüpfrigen Anekdote aufwartete und, als die Stunde sich dem Ende zuneigte, erst so richtig in Fahrt und kaum zu stoppen war. Ich war jung und unerfahren und hörte ihm noch zu, als wir längst nicht mehr auf Sendung waren und mir die Ohren schon längst rauschten. Als der Herr der Häschen sich nach gefühlten zwei Stunden mit den Worten verabschiedete: »Sie sind wirklich ein hervorragender Zuhörer«, wusste ich sofort, dass ich dieses Kompliment gerade gar nicht wollte und dass ich in Zukunft einiges würde anders machen müssen.

Die meisten von uns haben zu Hause oder in der Schule gelernt, dass man den anderen immer ausreden lassen sollte. Aber keine Regel ohne Ausnahme: Glauben Sie mir, es gibt ein paar wenige Gäste, mit denen ich heute noch am Tisch säße, hätte ich dieses Gebot der Höflichkeit stets beherzigt. In dem Zusammenhang fällt mir erneut Platon ein, allerdings diesmal in Abwandlung. Dem interessanten Satz des alten Griechen

»Lerne zuzuhören und du wirst auch von denjenigen Nutzen ziehen, die dummes Zeug reden« möchte ich den Ratschlag hinzufügen: Lerne Schluss zu machen und du wirst keine Kopfschmerzen kriegen von dem dummen Zeug, das manche reden.

Natürlich wurde auch ich nicht von heute auf morgen konsequenter und besser darin, den richtigen Moment abzupassen und Gespräche zu beenden. Aber mit der Zeit habe ich es geschafft, meine Scheu zu überwinden und mich zu trauen, auch die Autoritäten unter meinen Gästen zu unterbrechen und ein Gespräch zu beenden, wenn ich es als Moderator für richtig halte oder schlicht und einfach die Sendezeit vorbei ist.

Wie Sie Profilneurotiker zum Schweigen bringen

Mächtige und einflussreiche Männer neigen nicht selten zur Profilneurose. Diese Leute erzählen besonders gerne von sich und ihren Erfolgen und lassen sich nur sehr ungern stoppen. Sollten Sie im Gespräch an ein Exemplar dieser Spezies geraten, haben Sie zwei Möglichkeiten. Erstens: Sie beten, dass das monologisierende Alphamännchen von selbst die Lust verliert und weiterzieht, was allerdings dauern kann. Zweitens – und das ist meine Empfehlung: Sie sorgen dafür, dass er die Lust verliert, Sie mit Beschlag zu belegen. Das ist auch gar nicht so schwer, Sie müssen den Mann nur irritieren. Männer seines Schlags sind es gewohnt, dass man ihnen zuhört, sie nicht unterbricht und ihnen schon gar nicht widerspricht. Also tun Sie genau das, unterbrechen Sie ihn, irritieren Sie ihn mit frechen Fragen, bringen Sie ihn aus dem Konzept. Als ich vor zwei Jahren in Hamburg mit dem deutschen Radiopreis ausgezeichnet wurde, kam ich auf der Party nach der Preisverleihung mit einem der immer noch einflussreichsten deutschen Fernsehmanager ins Gespräch.

Was zunächst recht amüsant begann, entwickelte sich bald zum alkoholgeschwängerten Monolog eines frustrierten Medienmachers, der offenbar glaubte, sich bei mir auskotzen zu können, deshalb schnell dazu überging, über alles und jeden zu schimpfen, sich zusehends in Rage redete, schließlich auch mich beleidigte und kurz vor dem Kollaps zu stehen schien. Ich dagegen wollte nur feiern und nicht Zeuge eines Herzinfarkts werden, und als es mir nach einiger Zeit zu dumm wurde, fragte ich den Mann einfach, seit wann er denn Alkoholiker sei. Seine Reaktion habe ich heute noch vor Augen: Der mächtige Mann wurde kurz bleich, seine Lippen bebten, er rang um Fassung, drehte sich abrupt weg und die Unterhaltung oder das, was er dafür hielt, war beendet. Noch vor ein paar Jahren hätte ich mich niemals getraut, auf diese Weise zu reagieren. Aber ich erwähnte ja bereits, dass ich nicht zum Talker geboren wurde, und wenn ich es gelernt habe, auf diese Weise den Schlusspunkt unter ein Gespräch zu setzen, dann können Sie es auch, wobei ich Ihnen wünsche, dass Sie – Gelegenheit zur Übung hin oder her – nie in eine derart unangenehme Situation kommen.

DIE 10 BESTEN TIPPS, UM EIN GESPRÄCH ZU BEENDEN

1. Überlegen Sie sich möglichst schon zu Beginn, wie Sie die Unterhaltung beenden wollen.

2. Reden Sie nicht um den heißen Brei herum, seien Sie höflich, aber ehrlich, wenn Sie ein Gespräch beenden.

3. Verschwenden Sie keine Zeit an lustlose Gespräche.

4. Sie haben es in der Hand, wann Sie das Gespräch beenden.

5. Bitten Sie um Entschuldigung und sagen Sie, dass Sie dringend noch mit jemand anderem im Raum sprechen möchten.

6. Ein Lächeln und ein freundliches »Bis später« oder »Wir bleiben in Kontakt« nimmt Ihnen keiner übel.

7. Reichen Sie Ihren Gesprächspartner an den nächsten Bekannten weiter (das umgekehrte »Abklatschen«).

8. Üben Sie sich in der hohen Kunst der abschließenden Pointe.

9. Anstrengende Profilneurotiker irritieren Sie mit frechen Fragen. Besser ein Ende mit Schrecken …

10. Aber denken Sie daran: Man sieht sich oft zweimal im Leben, und unabhängig davon, wie es gelaufen ist – man sollte sich auch beim nächsten Mal noch in die Augen schauen können.

VERSCHIEDENE GESPRÄCHSSITUATIONEN – SMALL TALK, FLIRT, CHEF- UND KONFLIKTGESPRÄCH

Small Talk: Die hohe Kunst des kleinen Gesprächs

Die schlechte Nachricht zuerst: Zu viel Small Talk macht unglücklich! Das ist zumindest das Ergebnis einer groß angelegten Untersuchung von Forschern der Universität von Arizona. Dagegen sind die Menschen zufriedener, die mehr tiefergehende Gespräche führen. Die glücklichsten Menschen führten laut den amerikanischen Wissenschaftlern doppelt so viele tiefsinnige Gespräche wie die unglücklichsten.

Es macht offenbar glücklich, wenn man soziale Kontakte pflegt und Gespräche führt, die Substanz haben. Die gute

Nachricht dabei ist: Viele gute Gespräche mit Tiefgang haben als Small Talk begonnen. Als Einstieg in eine Unterhaltung auf einer Party die Frage nach dem Sinn des Lebens zu wählen wird mit großer Wahrscheinlichkeit die meisten Menschen abschrecken. Und die Erfahrung lehrt, dass auch die Chancen in einem Vorstellungsgespräch oder sogar in einem Krisengespräch mit der Ehefrau steigen, wenn man den charmanten Einstieg, die leichte Plauderei und das passende Timing für die Überleitung zu ernsten Themen beherrscht. An Small Talk an sich ist also nichts Verwerfliches, er kann sogar sehr nützlich sein. Entscheidend ist die Dosierung und was man daraus macht.

Ich gebe zu: Bis sich diese Erkenntnis bei mir durchsetzen konnte, hat es allerdings lange gedauert. Es klingt vielleicht komisch, aber eine der ersten Sendungen für Erwachsene, die ich im Fernsehen gucken durfte, war der »Internationale Frühschoppen« am Sonntag, den mein Vater nur selten verpasste. Mehrere Journalisten diskutierten in dieser Gesprächssendung unter der Leitung des legendären Werner Höfer die politische Weltlage. Man hätte die ganze Veranstaltung allerdings auch im Radio übertragen können, denn oft konnte man die Protagonisten nur schemenhaft wahrnehmen, da damals in den Siebzigern im Fernsehen noch geraucht werden durfte.

Natürlich verstand ich als Fünftklässler inhaltlich wenig bis gar nichts, aber die Wichtigkeit der ganzen Veranstaltung war mir durchaus bewusst. Das war ernsthafter Journalismus, da war kein Platz für Nebensächliches und Lachen unter Strafe verboten. Als Ende der Siebziger Alfred Biolek mit seiner Talkshow »Bio's Bahnhof« ins Fernsehen kam, war mein Vater zunächst sehr skeptisch; da ging es selten um die große Politik, einzelne Menschen mit ihren Geschichten standen im Mittelpunkt und es wurde sogar gelacht. Aber vor allem war Biolek meinem Vater nicht kritisch genug. »Der plaudert doch nur, das ist kein richtiger Journalismus«, ließ er an dem großen Talkmaster lange kein gutes Haar. Aber der Plauderer Alfred Biolek entlockte seinen Gästen wesentlich mehr spannende Geschichten und Bekenntnisse als die meisten sogenannten ernsthaften Journalisten mit ihren knallharten, investigativen Fragen.

Denn in einem Gespräch kommt es wie in einem Interview am Ende eben nicht auf die Fragen an, sondern auf die Antworten, die man bekommt. Alfred Biolek war auch deshalb ein Meister des guten Gesprächs, weil er seinen Gästen von Beginn der Sendung an das Gefühl vermittelte: Ihr könnt mir vertrauen, ich will euch nichts Böses. Auf diese Weise und mit viel Geduld, Menschlichkeit und Gespür für das richtige Timing schaffte er es, dass aus manch einer zunächst belanglosen Plauderei ein intensives Gespräch wurde, in dessen Verlauf ihm viele Prominente Geständnisse machten, die sie keinem anderen Journalisten gegenüber öffentlich verraten hätten.

Bis heute ist Alfred Biolek in vielerlei Hinsicht ein Vorbild für mich. Er ist nicht nur ein großartiger Gastgeber und Entertainer, sondern vor allem ein unglaublich sympathischer Mensch und ein großer Genießer. Als ich ihn einmal in Berlin interviewte, bat ich danach um einen Tipp, wo man in der Nähe des Hauptstadtstudios gut essen könnte. Er überlegte, verabschiedete sich, meinte noch, er müsse kurz überlegen, werde mich aber in einer halben Stunde anrufen.

Hätte ich diesen Anruf mitgeschnitten, so wäre ich problemlos in der Lage gewesen, daraus einen Berliner Restaurantführer mit einschlägigen Geheimtipps zu schreiben. Vom kleinen Italiener, bei dem es das beste Risotto der Stadt gibt, über das nagelneue Steakrestaurant bis hin zur wirklich besten Currywurstbude der Stadt war alles dabei, und natürlich hatte Biolek in drei Restaurants schon mal vorsorglich für mich reserviert. Er hätte das nicht tun müssen, aber genau das macht Alfred Biolek aus: Er mag Menschen, macht ihnen für sein Leben gerne eine Freude, und dabei spielt es für ihn keine Rolle, ob sie reich, berühmt oder völlig unbekannt sind. Es macht ihm einfach Spaß, mit den unterschiedlichsten Menschen zu plaudern, ins Gespräch zu kommen, um dann mehr darüber zu erfahren, wie sie ticken, was sie antreibt und was ihnen wichtig ist. Alfred Biolek ist über all die Jahre zu einem Großmeister in der unterschätzten Disziplin Small Talk geworden und nicht zuletzt deshalb ist er als Gastgeber einer Talkshow bis heute unerreicht.

Lieblingsgast

ANNE-SOPHIE MUTTER

Es gilt für die Unterhaltung mit einem Weltstar genauso wie für die Diskussion mit der eigenen elfjährigen Tochter – letztendlich ist es eine Selbstverständlichkeit, dass man jeden Gesprächspartner ernst nimmt, was nicht bedeutet, dass man alle gleich behandeln sollte. Was mir bei den ganz Großen, egal aus welcher Branche sie kamen, immer wieder aufgefallen ist: Es zeichnet sie eine entspannte Gelassenheit im Gespräch aus und ihnen liegt meist jede Form der Protzerei fern. Sehr oft bestätigt sich die alte Regel: Je prominenter der Gast, desto umgänglicher und freundlicher tritt er auf.

Albernheit ist vermutlich eine der letzten Eigenschaften, die man einem Weltstar an der Geige zuschreiben würde. Wie überraschend und erfrischend, dass Anne-Sophie Mutter diese Charaktereigenschaft in sich trägt und auch zeigt. Es gab Momente in unserem Gespräch, in denen sie es sichtlich genoss, nicht die intellektuelle Großkünstlerin geben zu müssen, sondern sich gelegentlich »unter« ihrem Niveau zu amüsieren.

Immer wieder habe ich seitdem festgestellt, dass ein paar alberne Minuten verbindend wirken können und dadurch Vertrauen schaffen. Ich bin fest davon überzeugt, dass man Menschen schneller öffnet, wenn es gelingt, eine gewisse Leichtigkeit ins Gespräch zu bringen. Auch ernste Themen lassen sich nach meiner Erfahrung besser und intensiver besprechen, wenn man ihnen, wo es geht, die Schwere nimmt. Die Offenheit, mit der Anne-Sophie Mutter anschließend über die Schwierigkeiten sprach, ihre Rolle als Mutter mit ihrer Rolle als Weltstar in Einklang zu bringen, wäre ohne die »vertrauensbildende Maßnahme gemeinsames Herumalbern« wohl schwer möglich gewesen.

INTERVIEW MIT ALEXANDER VON SCHÖNBURG

Alexander von Schönburg musste die leichte Plauderei nicht erst mühsam als Erwachsener lernen, er hat die Kunst des Small Talks mit der Muttermilch aufgesogen. Als Sprößling des Hochadels war er schon sehr früh auf dem gesellschaftlichen Parkett unterwegs. Heute ist er Mitglied der Chefredaktion der »Bild«-Zeitung, Autor zahlreicher Bücher und hat ein sehr amüsantes Plädoyer für den Small Talk, »Die Kunst des stilvollen Mitredens«, geschrieben. Mit ihm habe ich darüber gesprochen, warum wir die Kunst des kleinen Gesprächs, der charmanten Plauderei in Deutschland so gering schätzen, warum er Small Talk sogar für die Königsdisziplin der Konversation hält, warum jeder Mensch Small Talk beherrschen sollte und worauf es dabei ankommt.

T.O.: Herr von Schönburg, warum genießt »Small Talk« bei uns in Deutschland so wenig Ansehen, im besten Fall halten wir die leichte Plauderei noch für ein notwendiges Übel bei gesellschaftlichen Ereignissen?

A.S.: Dieses Vorurteil gegenüber Small Talk ist eigentlich eine Angst vor Intimität und davor, miteinander zu kommunizieren. Und diese Angst haben viele; das ist eine leichte Form von Soziophobie und der kann abgeholfen werden. Und es ist wahnsinnig wichtig, diese zu überwinden. Einfach aus ganz praktischen Gründen – damit man sich wohlfühlt in Gesellschaft, aber bis hin zu politischen Gründen. Ich finde, ein Teil unserer politischen Krise hat damit zu tun, dass die Staatsmänner nicht mehr zusammen in die Sauna gehen und sich gegenseitig den Rücken massieren; alles ist ein bisschen zu formell. Neulich hatte Giscard d'Estaing anlässlich der Beerdigung von Helmut Schmidt gesagt: Wenn wir Staatsleute früher zusammengekommen sind, hatten wir mehr Small Talk untereinander, wir haben auch mehr Privates besprochen, und wir waren sozusagen »intimer« miteinander, als das heutzutage der Fall ist. Und deshalb kann der eine den anderen nicht einfach nur anrufen und sagen: »Jetzt lass den Scheiß.« Man trifft sich nicht mehr wie Kohl und Gorbatschow nackt in der Sauna, um Weltpolitik zu machen. Das ist ein Nachteil.

T.O.: Ich habe nachgesehen, es ist noch gar nicht so lange her, da haben wir in Deutschland, in Europa, in den USA, mehrere Stunden am Tag miteinander geredet. Heute ist es noch gerade mal eine gute Stunde im Schnitt. Heißt das, Small Talk stirbt aus?

A.S.: Zumindest die Skills oder die Fähigkeiten sterben aus, ja.

T.O.: Was gehört dazu, was sind die Skills?

A.S.: Als Allererstes das Zuhörenkönnen!
Die allermeisten Leute glauben, sie müssen viel quatschen. Das Grundproblem beim Small Talk ist, dass die Leute, die reden, sich selber für interessant halten, und das ist meistens ein Fehler. Der Interessantere ist erst mal der Mensch, der fähig ist zuzuhören. Und der ist im Zweifelsfall auf dem gesellschaftlichen Parkett der beliebtere Protagonist.

T.O.: Kennt man ja auch aus Gesprächen mit seiner eigenen Frau oder Freundin ...

A.S.: Ja, genau ...

T.O.: Zuhören kommt gut an.

A.S.: Ja, deshalb sind Frauen begabter beim Small Talk, weil sie einfach sozial begabter sind. Das ist wahrscheinlich evolutionär bedingt. Frauen, die von der ganzen Biologie dazu verdammt sind, auf Kooperation angewiesen zu sein, zumindest solange sie schwanger sind und sich um Neugeborene kümmern müssen, sind von vornherein auf Kooperation angewiesen und auf soziale Kompetenz – und Männer eher auf Konkurrenz und sie sind daher kommunikativ beschränkter.

T.O.: Oscar Wilde soll mal gesagt haben: »Die Kunst des Gespräches ist es, alles zu berühren und nichts zu vertiefen.« Hat er recht – zumindest was den Small Talk betrifft?

A.S.: Also, Oscar Wilde hat ja erst mal grundsätzlich immer recht. Aber es stimmt auch immer genau das Gegenteil von dem, was er sagt. Oscar Wilde ist deswegen der Großmeister des Small Talks, weil er – was so in seinen Stücken rüberkommt – den Small Talk, den er seinen Figuren in den Mund legt, extrem paradox ausrichtet und das ist lustig! Oscar Wilde war der König des paradoxen Satzes.

Seine Figuren wollen nie recht haben, die wollen nur unterhalten und amüsieren, die wollen ihren Gesprächspartner überraschen und wollen nicht klug wirken. Das ist das Großartige bei Oscar Wilde – keine Figur in irgendeinem Stück von Oscar Wilde will klug erscheinen!

T.O.: Es gibt nichts Schlimmeres, als ein Besserwisser sein zu wollen beim Small Talk?

A.S.: Das ist das absolut Schlimmste. Und deswegen tun wir Deutsche uns gerade so schwer mit Small Talk, weil wir immer glänzen wollen, gerade auch intellektuell.

Und das ist schon der Todesstoß für jedes gute Gespräch. Deswegen sind die Engländer so viel begabter darin, weil in England hat dieses »Klug-wirken-Wollen« gar nicht so ein tolles Renommee. In England ist es viel wichtiger, witzig zu sein als klug. Den Engländern sind Leute, die klug sind, suspekt. Wenn man in England über jemanden sagt: »Ah, he's quite clever«, ist das eigentlich eines der gemeinsten Dinge, die man über einen Menschen sagen kann.

T.O.: Es ist eine Beleidigung, jemanden clever zu nennen?

A.S.: Clever ist ein Schimpfwort. Besserwisser sind den Engländern suspekt, das spiegelt sich in ihrer Kunst der Kommunikation wahnsinnig schön wider. Es gibt nicht diese langen Monologe, man will immer überraschen und auch gerne mal Unsinn sagen. Das fällt mir in Deutschland so besonders auf, bei Abendessen, wenn ich irgendwo bin und es sind viele kluge

Leute am Tisch. Irgendwann höre ich komplett auf zu reden, weil ich plötzlich Angst habe, irgendetwas zu sagen, was als anstößig empfunden werden könnte oder nicht richtig ist, weil man ständig korrigiert wird. In England ist zum Beispiel einfach die Grundtoleranz gegenüber Nonsens größer. Man muss auch mal Blödsinn sagen können.

T.O.: Also, Unsinn ist nicht nur erlaubt, sondern sogar erwünscht beim Small Talk?

A.S.: Ja, gern geistreicher Unsinn. Es muss nicht blöder Quatsch sein. Aber sich auch mal trauen, etwas Bescheuertes zu sagen. Da ist in Deutschland die Angst viel zu groß davor, weil man nicht in ein Fettnäpfchen treten will.

T.O.: Oberste Grundregel beim Small Talk: Nur nicht langweilen?

A.S.: Absolut! Und dazu gehört eben auch, dass man mal den Mut hat, Unsinn zu erzählen.

T.O.: Unsere Welt wird immer komplexer – den wirklichen Durchblick kann keiner mehr haben, im Umkehrschluss bedeutet das in Ihren Worten, dass man überall mitreden kann oder zumindest das Gefühl vermittelt, dass man überall mitreden kann?

A.S.: Genau, das war sozusagen die Grundthese meines Buches: In Anbetracht dieses ganzen Informationsübermaßes, mit dem wir konfrontiert sind, ist es wichtig, sich einzugestehen, dass man immer nur drei viertel gebildet sein kann. Das sollte die Grundhaltung sein. Und wenn man diese Grundhaltung hat, dann muss man bei allem ein bisschen mitreden können, aber stets in dem demütigen Bewusstsein: Ich weiß nicht Bescheid, ich kann nicht Bescheid wissen.

T.O.: Ein gewisses britisches Understatement eben ...
Wenn wir zusammenfassen: Welche Voraussetzungen
bringt ein guter Small Talker mit?

A.S.: Nummer eins: zuhören können. Das ist das Allerwichtigste: Sich selbst nicht ernst nehmen, vor allem sollte man das, was man selbst sagt, nicht für besonders interessant halten. Wenn man nämlich grundsätzlich davon ausgeht, dass man der uninteressanteste Gast auf einer Party ist, hat man schon gewonnen. Wenn man aber irgendwohin kommt und meint, ich muss jetzt der Strahlemann sein, hat man schon verloren. Drittens: nicht monologisieren. Und das Gefühl für Timing ist total wichtig.

T.O.: Wie ist es mit Gesprächsanbahnungen, mit diesen
berühmten ersten Sätzen. Was geht immer?

A.S.: Ich glaube, die ersten Sätze sind überschätzt. Ich glaube, dass die tatsächliche Kommunikation nonverbal geschieht in den ersten Sekunden, wenn wir Menschen aufeinandertreffen. Deswegen ist es absolut egal, was Sie sagen ...

T.O.: Sie sagen, über Sternzeichen, Babys,
Geschlechtsverkehr, Kokain sollte man am Anfang nie
sprechen. Meinen Sie das im Ernst?

A.S.: Na ja, das war, um einen bunten Einstieg zu haben. Aber was ich damit im Ernst sagen will: Es ist tatsächlich wurst, was Sie im ersten Satz sagen. Ich habe schon ein Abendessen erlebt, da komme ich hin und sage: Ach, Entschuldigung, dass ich zu spät komme, ich musste noch meine Frau schlagen, die liest grad »Shades of Grey«! – Ah ja, kein Problem, gib mir deinen Mantel! – Im ersten Moment hört eh niemand zu! Probieren Sie's aus – den ersten Satz hört niemand so genau. Aber der Rest der Kommunikation wird sehr wohl wahrgenommen: Welche Körperhaltung haben Sie, sind Sie selbstbewusst oder »gschamig« – so etwas transportiert sich sofort.

T.O.: Sie beschreiben diese traumatischen Erlebnisse, die
Sie unter anderem in Hollywood hatten, als Paris Hilton
Sie dann gerettet hat … Ist das wirklich so passiert?

A.S.: Ja, das ist so passiert, ich war auf einer Party und hab mich unwohl gefühlt, weil ich niemand kannte, und es waren nur Stars da und überall hab ich mich dazugestellt und keiner hat sich für mich interessiert und am Ende gerät man in eine Panik, die man dann auch vermittelt. Man bekommt so eine toxische Ausstrahlung. Niemand möchte mit dir zu tun haben, weil du der bist auf der Party, der Anschluss sucht. Und da bin ich irgendwann halt bei Paris Hilton gelandet. Die saß da so auf einer Bierbank und war so unbekümmert in ihrer »Doofheit«, dass sie sich nicht einmal an meiner Unsicherheit gestört hat. Sie hat sich meiner angenommen und mir ein paar Tipps gegeben. Im Nachhinein weiß ich, weil ich das Eis gebrochen habe, indem ich ehrlich war und gesagt hab: Ich fühl mich hier beschissen, weil kein Mensch kennt mich und alle schauen mich nur mit dem Arsch an. Und dadurch, dass ich so offen war und nicht mit Gewalt versucht habe, die Fassade zu wahren, hab ich einen Moment der Authentizität hergestellt und dann waren wir – wie man auf Englisch sagt – »connected« …

T.O.: Also, Offenheit kann helfen?

A.S.: Und das ist auch eine der Regeln beim Small Talk: Man kann ja tatsächlich durch den Small Talk ein richtiges Gespräch anbahnen. Ich habe Gespräche erlebt, die haben als Small Talk angefangen und endeten um vier Uhr morgens tief philosophisch.

T.O.: Ist Small Talk eine Frage des Talents oder kann das jeder lernen?

A.S.: Das ist eine philosophische Frage, die letztendlich zu den Geheimnissen der Natur gehört, wie viel man erlernen kann und wie viel Begabung man braucht.

T.O.: Wie lange hat's bei Ihnen gedauert, bis Sie gut waren?

A.S.: Bei mir ist die Fähigkeit zum Small Talk ehrlich gesagt aus Not entstanden. Ich bin eigentlich ein sozialer Phobiker, voller

Ängste, aber so aufgewachsen, dass ich einfach immer konfrontiert war mit Ansammlungen von Menschen. Und dann entwickelt man irgendwann Strategien. Und das hilft natürlich.

Die Notmechanismen, die ein Mensch entwickelt, sozusagen aus einem Überlebensinstinkt heraus, sind natürlich immer stärker als die in einem Managerseminar an einem Nachmittag erlernten ...

T.O.: Wer ist der beste »Small Talker«, den Sie getroffen haben?

A.S.: Ach, da fallen mir viele ein, aber wen könnte ich nennen ... Also eine Figur, die wirklich ein großer Künstler ist, ist der frühere amerikanische Präsident Bill Clinton. Weil bei ihm ein zweiter Aspekt dazukommt: Der ist wichtig, hat aber die Fähigkeit, wenn er irgendwo reinkommt, sehr bescheiden zu wirken, was – paradoxerweise – total charismatisch wirkt. Ich habe den ehemaligen deutschen Außenminister Joschka Fischer und Bill Clinton bei vollkommen unabhängigen Ereignissen kennengelernt. Joschka Fischer gibt einem ständig das Gefühl: Ich bin so wichtig, dreht einem den Rücken zu und wenn er redet, muss jeder zuhören und das wirkt unfassbar bräsig und unangenehm. Bill Clinton dagegen nimmt sich selbst überhaupt nicht wichtig und hört seinem Gegenüber zu, wenn er mit ihm redet, er hält auch keine Monologe.

T.O.: Man sagt, er habe die Fähigkeit, jedem innerhalb von ein paar Sekunden das Gefühl zu geben: Du bist jetzt, in diesem Moment, der wichtigste Mensch auf der Welt?

A.S.: Genau, das ist eine unglaubliche Fähigkeit, die besonders gute Small Talker haben, einem einfach das Gefühl zu geben, in der Sekunde bin ich hier mit dir, ich höre dir zu und wir reden miteinander und alles andere zählt in dieser Sekunde nicht. Diese Fähigkeit der totalen Präsenz haben nur ganz wenige Menschen.

T.O.: Ist es sinnvoll, sich Geschichten vorher zu überlegen, wenn man weiß, man geht jetzt auf eine Party?

A.S.: Nein, überhaupt nicht! Das wirkt total bemüht. Und alles, was bemüht wirkt, ist hoffnungslos. Deswegen, wenn ich zum Beispiel auf Lesetouren gehe, sage ich gleich zu Anfang, dass man das nicht mit einem Seminar verwechseln soll. Denn wenn man den Anspruch hat, ich will das jetzt genau wissen und mir das notieren können, wie ich mich auf einer Cocktailparty richtig benehme – das geht definitiv nach hinten los, weil die Grundgelassenheit zerstört wird, die die einzige und wichtigste Voraussetzung fürs Überleben ist. Gelassenheit und gutes Timing sind wichtig. Ich bin total gegen Witze zum Beispiel. Aber gute Geschichten – bin ich sehr dafür …

T.O.: Es gibt ja ein paar angebliche Tabuthemen: Religion, Geld, Politik. Ist das tatsächlich heute noch so, dass man darüber nicht sprechen sollte?

A.S.: Ich glaube nicht mehr, dass es wirklich Tabuthemen gibt. Schon in der kleinen Schweiz ist es von Kanton zu Kanton unterschiedlich. In Amerika kann man relativ zwanglos darüber reden, wie viel Geld man hat oder wie reich man ist. Das würde in Deutschland sehr vulgär wirken. Da gibt es schon kulturelle Unterschiede … Aber grundsätzlich würde ich sagen, in unseren Breitengraden werden Tabus immer weniger.

T.O.: Was kommt meistens gut an?

A.S.: Das unterschätzte Wetter, ehrlich gesagt. Ich sage deswegen das Wetter, um bewusst darauf zu lenken, dass überhaupt das gesprochene Wort überschätzt wird. Man überlegt sich, was soll ich sagen …? Das ist vollkommen sekundär. Das Auftreten und die innere Haltung sind so viel wichtiger als die Worte, die gesprochen werden.

T.O.: Also kommt es Ihrer Meinung nach eher darauf an, wie man darüber redet als worüber man redet?

A.S.: Wie Sie sich bewegen, spricht Bände und ist viel interessanter als die paar Worte, die Sie sagen. Und die Haltung, mit der Sie einen Raum betreten und mit der Sie sich in einem Raum aufhalten. Und deswegen führt dieses Bestreben, bestimmte Sätze und Sprüche draufzuhaben, total auf die falsche Fährte.

T.O.: Paris Hilton hat Ihnen angeblich den Rat gegeben, frech sein und sich ja nicht bemühen, alles richtig zu machen.

A.S.: Genau, nur ja nicht auf eine Party kommen und unbedingt der Salonlöwe sein wollen. Die Leute, die sich so ein

Ratgeberbuch von mir kaufen, weil sie Mauerblümchen sind, aber dann erwarten, zum Gesellschaftslöwen zu werden – die sind hoffnungslos verloren. Aber für das Mauerblümchen, das irgendwann kapiert, dass Mauerblümchen auch einen Platz auf einer Party haben, besteht Hoffnung. Man sollte sich zum Mauerblümchendasein bekennen und sich dadurch nicht verunsichern lassen, dass man eben nicht der große Zampano ist. Dann ist man im Zweifelsfall der angenehmere Partygast. Stellen Sie sich vor, eine Party nur mit Zampanos, grauenvoll! Jeder hat seinen Platz: der zerstreute Professor, der Soziophobiker, der Witzeerzähler ...

T.O.: Man sollte sich dessen nur bewusst werden, wo der eigene Platz ist, wo man hingehört?

A.S.: Ja, ganz genau. Sich mit seiner eigenen Natur anfreunden und nicht jemand anders sein wollen. Das ist das grundsätzliche Problem bei dieser Ratgeberliteratur-Philosophie, die ja sehr amerikanisch ist, die einen eigentlich lehrt: Sei jemand anderes. Und das führt auf einen Holzweg.

Die wirkliche Herausforderung ist, sich mit seiner Natur zu versöhnen und nicht zu versuchen, kraft eines Managementseminars oder eines Ratgeberbuches jemand anders zu werden.

T.O.: Warum sollte man nicht dauernd lächeln als guter Small Talker?

A.S.: Weil ständig lächeln ziemlich dämlich wirkt, ehrlich gesagt.

T.O.: Aber man kann ja nicht dauernd sauertöpfisch gucken?

A.S.: Nein, aber ich kenne das von mir. Ich lächle ständig aus Verlegenheit. Es ringt anderen Leuten viel mehr Respekt ab, wenn Sie erst lächeln, weil jemand etwas Gutes sagt. Das wirkt sehr viel mehr, als wenn Sie mit so einem Dauergrinsen herumlaufen. Man muss sein Gegenüber nicht die ganze Zeit angrinsen, das wirkt total gezwungen.

T.O.: Sie sagen: Man sollte möglichst jeden so behandeln, auch wenn man ihn nicht kennt, als wäre er ein alter Bekannter. Warum?

A.S.: Gut, das ist ein Tipp, den habe ich von Chris Hadfield, der Astronaut war und die Erde zigtausend Mal in der Raumkapsel ISS umkreist hat. Er sagte mir: Wenn ich unter Menschen bin, habe ich das Gefühl, ich habe alles schon mal von oben gesehen, und deswegen fühle ich mich auch nicht mehr unwohl. Die tiefere Wahrheit, die darin steckt, ist das Schlüsselwort »connection«. Wir können eine Beziehung, einen Kontakt zwischen Menschen herstellen, wenn wir uns bewusst werden, dass wir alle auf humaner Ebene verbunden sind. Und das sieht jemand wie Chris Hadfield, der von oben auf uns schaut, natürlich viel deutlicher als wir, die wir hier unten stecken und denken: Ach, da ist der Chef und da drüben steht der prominente Schauspieler, den kann ich nicht einfach ansprechen, weil ich weiß ja gar nicht, wie der über mich denkt.

T.O.: Also kein falscher Respekt?

A.S.: Genau! Jeder ist letztlich auch nur ein Mensch und hat das Bedürfnis nach einem normalen Gespräch.

Um zum Anfang unseres Gesprächs zurückzukommen: Dieser Vorbehalt gegen Small Talk hat einfach viel damit zu tun, dass die Menschen Angst haben, einen inneren Kontakt zueinander herzustellen. Darum geht's beim Small Talk. Das ist wie so ein »Beschnüffeln«, um dann einen Kontakt zueinander herzustellen, damit vielleicht aus einem Small Talk ein wirklich interessantes Gespräch wird oder das, was man »human connection« nennt, dass man sich einfach miteinander verbindet.

T.O.: Sie haben gerade eindrucksvoll begründet, dass man nicht versuchen sollte, jemand anders zu scheinen, als man tatsächlich ist. Sie sagen andererseits aber auch »Fake it till you make it«, also sinngemäß »Tu so, als ob, bis du es kannst«, warum?

A.S.: Also. Dieses »Fake it till you make it« ist ein wichtiger Satz, aber im Grunde sagt er nichts anderes, als dass ich sozialen Phobikern, wie ich einer bin, den Rat gebe: Setze dich Situationen, die dir unangenehm sind, so lange aus, bis sie dir irgendwann nicht mehr unangenehm sind. Wenn du Höhenangst hast und dich ständig auf Leitern stellst – wirst du die Höhenangst wahrscheinlich verlieren. Und das ist mit Soziophobie ähnlich. Wenn man sich oft dieser Situation aussetzt, dann wird das irgendwann besser. Wenn du das Gegenteil machst und dich immer weiter zurückziehst, wird's niemals besser.

> T.O.: *Letztendlich ist es ja so einfach: Es geht darum, den Umgang miteinander ein bisschen liebenswürdiger zu gestalten, möglichst zwanglos, möglichst locker, nur leider tun wir Deutsche uns damit oft schwer ... Ist das in anderen Ländern leichter?*

A.S.: Ja, aber vielleicht gehört auch da die Weisheit dazu, sich damit abzufinden, denn in dem Moment, in dem man es sieht und sich damit abfindet, ist es schon nicht mehr ganz so stark. Wir Deutsche nehmen uns oft einfach zu ernst. Da müssen wir uns nicht krampfhaft bemühen und einen Ratgeber kaufen, um weniger ernst zu sein. Aber wenn wir akzeptieren, dass wir nun mal eher ernsthaft sind, könnten wir uns mit ein bisschen mehr Selbstironie sehen und dadurch verliert diese ganze Last vielleicht schon ein wenig ihres Gewichts.

> T.O.: *Humor als Haltung und Lösung für Probleme. Herr von Schönburg, Ich bedanke mich sehr für das Gespräch, vielen Dank!*

A.S.: Ich wünsche Ihnen viel Erfolg mit dem Buch.

Eine Party mit lauter Zampanos oder solchen, die es sein wollen, ist grauenvoll! Diesen Satz darf man sich ruhig auf der Zunge zergehen lassen, denn es steckt viel Wahrheit in ihm und die meisten von uns können das aus eigener Erfahrung bestätigen. Es bedarf auch der Mauerblümchen und die sind oft sogar die beliebteren Gäste. Zur Bestätigung dieser Erkenntnis können sich wohl noch die meisten durchringen, aber sich selbst einzugestehen, dass man eher zur zweiten Kategorie Gäste gehört, dazu gehört Ehrlichkeit und eine gehörige Portion Mut. Dabei, und das hat Alexander von Schönburg überzeugend geschildert, lebt es sich viel einfacher und besser, wenn man es schafft, sich mit seiner Natur zu versöhnen. Aber vermutlich ist es ein langer Weg bis dahin, und vielleicht sollten wir damit beginnen, einen anderen Ratschlag des Small-Talk-Meisters umzusetzen. Versuchen wir doch, uns nur ab und zu nicht ganz so wichtig und ernst zu nehmen. Gestehen wir uns zu, Fehler zu machen, über uns selbst zu lachen und auch mal Blödsinn zu reden – selbstredend gehe ich bei den Lesern meines Buches von geistreichem Blödsinn aus. Denn, und das habe ich bei vielen Anlässen erlebt, es kommt wirklich nicht so sehr darauf an, was Sie in einer kleinen Partyplauderei oder beim Gespräch mit Kollegen oder meinetwegen an der Wursttheke sagen. Wichtiger ist das Wie, also Ihre Haltung, Einstellung und wie überzeugend Sie dabei auf den Gesprächspartner wirken.

Der ein oder andere wird jetzt sagen, na, der Otto redet sich leicht, der macht das ja dauernd, klar kann der das. Das ist schon richtig, nur hab ich Ihnen ja bereits versichert, dass mir das nicht in die Wiege gelegt war. Ich war ein schüchternes Kind, und bis heute gibt es Menschen, die mich einschüchtern, nur habe ich gelernt, mir das nicht anmerken zu lassen, und kann damit umgehen.

Diese Entwicklung kam natürlich nicht von selbst, sondern ich habe mich einfach immer wieder diesen für mich unangenehmen Situationen ausgesetzt. Partys, auf denen sich viele vermeintlich wichtige Menschen tummeln, sind mir bis heute ein Graus, aber nur Menschen, die mich wirklich gut kennen, werden mir das anmerken. Es gibt nur den einen Weg, wenn Sie sich nicht zu Hause einsperren wollen, fangen Sie an, mit Menschen zu reden, wieder und wieder und wieder, und Sie werden schnell merken, dass Sie besser darin werden. Nehmen Sie sich nicht so ernst, versuchen Sie, kein anderer sein zu wollen, und machen Sie sich klar, dass Sie nichts falsch machen können, wenn Sie erst einmal nur den Gesprächen lauschen. Und wenn Sie Small Talk machen – dann machen Sie es wie der ehemalige amerikanische Präsident Bill Clinton: Geben Sie Ihrem Gegenüber das Gefühl, dass Sie in dieser Sekunde nur bei ihm und sonst nirgends sind!

DIE 10 BESTEN TIPPS FÜR DEN SMALL TALK

1. Hören Sie erst einmal zu, erzählen Sie kurze Geschichten und halten Sie keine lang(weilig)en Monologe.

2. Nehmen Sie sich nicht wichtig, üben Sie sich in Gelassenheit.

3. Begeben Sie sich immer wieder in Situationen, die Ihnen unangenehm sind (Fake it till you make it).

4. Trauen Sie sich, Kontakt zu anderen aufzunehmen.

5. Machen Sie sich keine Gedanken darüber, wie Sie wirken, und akzeptieren Sie Ihre Schwächen.

6. Versuchen Sie nie, ein anderer zu sein als der, der Sie sind (auch Mauerblümchen können tolle Partygäste sein).

7. Behandeln Sie auch jeden Fremden, als wäre er ein alter Bekannter.

8. Setzen Sie Ihr Lächeln dosiert ein (kein Dauergrinsen).

9. Es ist völlig egal, was Sie anfangs sagen, wichtig ist, wie überzeugend Sie es sagen.

10. Entwickeln Sie ein Gespür für den richtigen Moment (Timing), das Richtige zu sagen.

Flirt: Die Kunst, nichts zu erwarten und alles für möglich zu halten

Wenn man bei Google das Stichwort »Flirt« eingibt, bekommt man zunächst zahlreiche Treffer für sogenannte seriöse Flirtportale und Partnerbörsen. Man könnte deshalb den Eindruck gewinnen, geflirtet wird heute hauptsächlich im digitalen Raum. Schlägt man dagegen im guten alten Duden das Verb »flirten« nach, kann man nachlesen, dass jemandem durch Gesten, Blicke oder scherzhafte Worte Zuneigung bekundet und auf diese Weise eine erotische Beziehung anzubahnen versucht wird. Die Flirtexperten des Duden gehen also davon aus, dass sich zwei Menschen im richtigen Leben treffen und miteinander verbal und nonverbal kommunizieren. Ich befürchte aber, dass im selben Maß wie der Erfolg der Flirtportale im Netz und der Gebrauch von Kurznachrichtendiensten wie WhatsApp zunimmt, die Bereitschaft und Fähigkeit zum Flirt im richtigen Leben von Angesicht zu Angesicht abnehmen wird.

Als ich Anfang der Achtziger meine ersten Flirtversuche wagte, gab es noch kein Internet, keine Flirtportale, auch keine gedruckten Ratgeber. Die einzigen Hilfsmittel waren die »Bravo«, unerreichbare Vorbilder in Hollywood wie Tom Cruise oder ältere Brüder, die ich leider auch nicht aufzuweisen hatte. Das bedeutete, es blieb mir nichts anderes übrig, als nach der Methode »Trial and Error« vorzugehen. Ich habe viele dieser Begegnungen aus meiner Jugend verdrängt, aber ich kann Ihnen versichern, dass das Wort Irrtum durch meine kläglichen Flirtversuche eine ganz neue Bedeutung bekam. Besonders gerne erinnere ich mich an ein Date mit einem Mädchen, für das ich mir mit einigen Whisky-Cola Mut angetrunken hatte, was leider nicht nur dazu führte, dass ich, als es darauf ankam, verbal nicht mehr ganz auf der Höhe war, sondern auch etwas tat, was man bei jeder Form von Konversation unbedingt vermeiden sollte.

Ich bitte hiermit ob meiner drastischen, aber leider treffenden Ausdrucksweise um Entschuldigung: Ich kotzte mich einfach mal so richtig aus. Überraschenderweise war die junge Dame längst nicht so schockiert über meine bescheidene Leistung, wie ich erwartet hatte, und verabschiedete sich mit den Worten: Bis zum nächsten Mal und übe bis dahin noch ein wenig! Dieses reinigende Erlebnis hatte ich vor mittlerweile über dreißig Jahren und es war nur einer von vielen Flirtversuchen. Mit der Zeit wurde ich etwas besser darin, Frauen zu umgarnen, aber zu wirklicher Meisterschaft habe ich es, selbst wenn es mir schwerfällt, das zuzugeben, nie gebracht. Ich kam mir beim Flirten stets irgendwie komisch vor und hatte oft das Gefühl, mich dabei selbst von oben zu beobachten und zu belächeln. Ich beneidete Freunde, denen die erotische Annährung leicht und locker von der Hand ging. Aus diesem Grund wird es das ein oder andere Opfer meiner damaligen Versuche erstaunen, dass Flirten heute zu meinem beruflichen Handwerkszeug gehört.

Ohne Flirten wäre es mir schon oft sehr schwergefallen, das Eis in einem Gespräch in meiner Sendung zu brechen, und das ein oder andere Mal wäre es ohne Flirten gar nicht gelungen. Mittlerweile, da ich privat längst glücklich vergeben bin, macht das Flirten mir sogar Spaß. Ja, ich gebe zu, auch in diesem zwischenmenschlichen Bereich war ich kein Naturtalent. Aber ich habe mich durch Misserfolge nicht entmutigen lassen, immer weiter geflirtet und mit der Erfahrung aus so vielen »Mensch, Otto!«-Sendungen ließ es sich gar nicht vermeiden, dass auch ich es irgendwann hinkriegen würde. Trotzdem gab es in den Anfangsjahren der Show immer wieder Situationen, in denen ich schlicht überfordert war und nicht wusste, wie ich charmant und souverän reagieren sollte.

Ich erinnere mich an ein Interview mit der großen Schauspielerin Hannelore Elsner vor etwa fünfzehn Jahren in einem Hamburger Hotel. Die Diva empfing mich in aufgeräumter Stimmung in einem Séparée und bot mir sofort ein Glas Wein an, was ich ablehnte. Nervös, wie ich in Anwesenheit der Elsner war, wollte ich wenigstens einen klaren Kopf bewahren. Nach ein paar Minuten sah sie mir tief in die Augen und raunte mehr, als dass sie die Worte sprach: »Jetzt legen Sie doch mal Ihren Zettel mit den Fragen weg und schauen mich an, wenn Sie mit mir sprechen.« Ich wusste erst einmal gar nicht, wie ich auf diese unerwartete Entwicklung reagieren sollte, und habe nur entgeistert und etwas verschreckt in die dunklen Augen der Diva gestarrt. Ob die Elsner damals mit mir flirten oder mich nur irritieren wollte, weiß ich nicht. Aber sie hat mir auf jeden Fall meine damaligen Grenzen aufgezeigt, denn ich klebte weiter an meinem Konzept und verpasste vermutlich eine einmalige Gelegenheit, La Elsner zumindest verbal aus der Reserve zu locken und ein etwas anderes Interview zu führen.

Es gibt einige Gäste, von denen ich mir in den Folgejahren etwas abgeschaut habe, von denen ich gelernt habe zu flirten, und in der Regel waren es Frauen. Das bedeutet keineswegs, dass man als heterosexueller Mann nicht auch mit einem Mann flirten kann, aber nach meiner Erfahrung sind nicht wir Männer, sondern die Frauen die wahren Meisterinnen des Flirts. Mit Barbara Schöneberger beispielsweise ist es unmöglich, *nicht* zu flirten. Allein die Art, wie sie einen leicht amüsiert, aber intensiv ansieht, beinhaltet all die Zweideutigkeit, die stets zu einem guten Flirt gehört. Barbara hat diese Fähigkeit, dir sofort das Gefühl zu vermitteln, ich interessiere mich für dich, in diesem Moment bist nur du wichtig für mich. Dazu besitzt sie einen blitzgescheiten Humor, ist schlagfertig, und sie ist überdies großartig darin, Komplimente zu verteilen.

Völlig frei von Eitelkeit, wie wir Radiomoderatoren nun mal sind ... freuen wir uns besonders über Lob, das wir in unserem meist unsichtbaren Job sonst selten bekommen, auch wenn es völlig unverdient ist. Ich habe es sogar schriftlich von Frau Schöneberger, die sich auf unserer Promiwand mit den Worten verewigte: »Lieber Thorsten, du hast gar kein Radiogesicht! Wer so schön lügen kann und dabei nicht mal rot wird, der ist ein wahrer Großmeister« – oder in diesem Fall eine wahre Großmeisterin des Flirts.

Es gibt wenige andere Prominente, die da mithalten können. Auch nach längerem Überlegen fallen mir nur drei andere Frauen ein, die mich ähnlich beeindruckt haben, jede auf ihre ganz eigene Weise. Annette Frier ist mit Sicherheit auf einem Level mit Barbara Schöneberger, vielleicht sogar noch ein wenig direkter und offener. Ein Gespräch mit Annette ist wie eine Achterbahnfahrt, die nach jeder Kurve noch mehr Geschwindigkeit aufnimmt und bei der man nie weiß, wohin sie führt.

Frau Frier ist einer der spontansten Gäste, die ich je empfangen durfte, und ihre Schlagfertigkeit jedes Mal aufs Neue erstaunlich. Noch schmerzfreier in ihrer Art, sich auf ein Gespräch und einen Flirt für eine Stunde einzulassen, ist vielleicht eine andere großartige Schauspielerin: Lisa Maria Potthoff. Was für ein Vergnügen, sich mit ihr einen Schlagabtausch zu liefern, ohne dass man je das Gefühl hat, sie würde sich verstellen oder wäre um ihre Wirkung besorgt. Total überrascht hat mich jedoch eine Frau, bei der ich nicht vermutet hätte, dass sie in einer Talkshow gerne flirtet: Martina Gedeck ist eine der besten deutschen Schauspielerinnen, aber ihre komödiantischen Fähigkeiten werden meiner Meinung nach weithin unterschätzt.

Als sie in »Mensch, Otto!« zu Gast war, wollte ich deshalb nicht die ernsthafte Großschauspielerin zeigen, die man von ihr aus Talkshows kennt, sondern ihre komische, leichte Seite herauskitzeln. Ich dachte, wenn sich Martina Gedeck auf eine spielerische Ebene der Kommunikation wagt, könnte das Gespräch eine interessante, weil in ihrem Fall unerwartete Wendung nehmen, und das tat es dann auch. Die Gedeck zeigte sich locker wie selten und offenbarte, angesprochen auf ihr Image, ihre selbstironische Seite mit dem grandiosen Satz: »Schwierig bin ich oft für die anderen, für mich bin ich eigentlich gar nicht so schwierig.« Mein persönliches Highlight der Sendung war allerdings ein kurzer

Dialog unter erschwerten Bedingungen: Martina Gedeck, die unter Heliumeinfluss und deshalb ausgestattet mit einer Micky-Maus-Stimme Shakespeare zitiert, hat man vor ihrem Besuch bei uns in der Sendung wohl noch nie erlebt. Wir versuchen stets, in »Mensch, Otto!« hinter die Fassade eines Menschen zu blicken und im Gespräch ein Porträt zu zeichnen. Ohne meinen kleinen, rein beruflich motivierten Flirt, davon bin ich überzeugt, wäre Frau Gedeck niemals bereit gewesen, ihre komische, alberne Seite zu zeigen – und das Porträt der grandiosen Schauspielerin um mindestens eine Facette ärmer.

Was ich jetzt sage, soll nicht kokett klingen, sondern entspricht meiner tiefsten Überzeugung: Wenn ich es geschafft habe, das Flirten zu erlernen, können Sie es auch! Sollten Sie also bisher eher zu den Dilettanten auf diesem Gebiet gehören, muss das nicht so bleiben. Ich weiß, der Spruch ist ebenso abgenutzt wie banal, aber an dieser Stelle einfach zutreffend: Übung macht den Meister. Trauen Sie sich! Flirten Sie – an der Käsetheke, im Wartezimmer beim Arzt, meinetwegen mit ihrem Finanzbeamten, Sie werden merken, wie Sie immer besser werden, wie Ihnen das Flirten zusehends leichterfällt und Ihnen schließlich Spaß machen wird.

Lieblingsgast

ANNETTE FRIER

Wenn es um Humor und vor allem die Fähigkeit geht, über sich selbst zu lachen, ist Annette Frier unschlagbar. Ich hatte das Glück, sie schon mehrfach in »Mensch, Otto!« begrüßen zu dürfen, und jedes Mal hat sie mich mit ihrer Mischung aus rheinländischer Natürlichkeit, Schlagfertigkeit und Charme begeistert. Ich weiß noch, wie wir uns in einem Gespräch darauf einigten, dass allgemeingültige Tipps zur Kindererziehung völlig sinnlos wären, nur um in der nächsten Minute darüber zu philosophieren, wie man die Pflichten des Elternseins mit den Ansprüchen eines funktionierenden Ehelebens in Einklang bringen könnte – oder eben nicht. Frau Frier beendete schließlich das Gespräch mit den Worten, ich solle doch bitte auf meine Frau aufpassen und mich entsprechend um sie kümmern …

Sollten Sie schlechte Laune haben, hören Sie sich Annettes Auftritt bei mir in der Show an, und wenn das Ihre Stimmung nicht aufhellt, sollten Sie vielleicht doch einen Arzt oder Apotheker konsultieren.

INTERVIEW MIT NINA DEISSLER

Wie man auf dem Gebiet der kleinen erotischen Annäherung schnell besser wird, worauf es beim Flirt ankommt und warum wir es alle tun sollten, darüber habe ich mit Deutschlands Flirtexpertin Nummer eins, **Nina Deißler**, gesprochen.

T.O.: Die große Schauspielerin Jeanne Moreau hat gesagt: »Die Einladung zum Flirt wird mit den Augen geschrieben.« Wir beide telefonieren gerade und sehen uns nicht, können wir jetzt überhaupt flirten?

N.D.: Ich glaube, man kann am Telefon sehr gut flirten, weil die Hemmungen geringer sind, man sieht den anderen nicht, es kann einem als Frau gar nicht viel passieren, weil Sie ja weit weg sind, und wenn Sie mir jetzt noch nette Dinge sagen, die ich gerne höre, könnte ich hemmungslos mit Ihnen flirten, mich in Ihre Stimme verlieben, und das wäre ja das Schönste, was uns passieren kann.

T.O.: Wieso flirten wir überhaupt?

N.D.: Das ist eine sehr gute Frage. Wissen Sie, Menschen, die bei mir ein Seminar buchen, die kommen zu neunzig Prozent nicht, weil sie besser flirten lernen wollen, sondern weil sie sich erhoffen, wenn sie besser flirten können, dass sie dann auch leichter jemanden finden, mit dem sie eine Beziehung eingehen können.

T.O.: Aber ist Flirten nicht an sich erst einmal absichtslos?

N.D.: Genau, aber deshalb können so viele Menschen nicht flirten, weil Flirten ein Spiel und immer genau dann gut ist, wenn es absichtslos ist.

T.O.: Je lässiger man herangeht, desto leichter geht es, nach dem Motto: Wollen zu dürfen, ohne können zu müssen?

N.D.: Ja, aber jetzt könnte man fragen: Was bringt es mir denn dann? Ganz einfach: Wenn ich es schaffe, absichtslos zu flirten, vielleicht sogar mit Menschen, die gar nicht meinem Beuteschema entsprechen, werde ich merken, dass ich mich im Zweifelsfall nach dem Flirt besser fühle. Wenn ich also regelmäßig flirte, fühle ich mich regelmäßig gut, lerne, anderen ein gutes Gefühl zu vermitteln. Und ich lerne mit der Zeit, dass, wenn ich in eine Situation komme, in der mich ein anderer wirklich nervös macht, ich durchaus nervös sein darf, aber dann das mache, was ich immer beim Flirten mache.

T.O.: Man wird also routinierter und kann das auch einsetzen, wenn man mehr will als nur flirten?

N.D.: Auf jeden Fall. Und sehr häufig sieht uns ein potenzieller Flirtpartner schon, bevor wir ihn bemerkt haben. Und sollte derjenige tatsächlich der »Traumprinz« sein, sind meine Chancen doch viel besser, wenn derjenige vorher schon gesehen hat, dass ich eine gute Ausstrahlung habe und gute Laune verbreite. Und das kriege ich sehr leicht hin, wenn ich viel flirte.

T.O.: Manchmal klappt es einfach nicht. Woran merke ich, dass es nix bringt, weiter zu flirten?

N.D.: Kommt darauf an. Es gibt Menschen, mit denen flirtet es sich nur mit den Augen ganz wunderbar, und wenn die dann näher kommen, denkt man sich, Mist, wärst du mal bloß da drüben geblieben. Manchmal stellt es sich auch erst im Gespräch heraus, wenn ich feststelle, der Mensch ist zwar äußerlich attraktiv, aber wir haben nichts gemeinsam oder unterschiedliche Absichten. Das ist ein wenig wie bei einem Geschäft, es muss zwei übereinstimmende Willenserklärungen geben, aber das muss man erst mal herausfinden.

T.O.: Übung macht den Meister?

N.D.: So ist es.

T.O.: Wenn ich jetzt mit Ihnen einen Flirt beginnen wollte, wie könnte ich es klug anstellen?

N.D.: Was immer gut funktioniert, ist ein nettes Kompliment, ohne dass Sie für dieses Kompliment gleich eine Gegenleistung verlangen.

T.O.: Wenn ich Ihnen jetzt ganz ehrlich sage, dass Sie eine wunderschöne Telefonstimme haben ...

N.D.: Dann würde mich das schon mal sehr gewogen machen (lacht) ... Das kann so einfach sein.

T.O.: Warum tun sich manche so leicht, aber viele so schwer mit dem Flirten?

N.D.: Das ist eine Frage der Perspektive. Ich habe in meiner fünfzehnjährigen Praxis herausgefunden, dass es einen ganz wichtigen Unterschied gibt zwischen Menschen, die flirten können, und solchen, die es nicht gut können. Es hängt mit unserem Bedürfnis nach Sicherheit und Kontrolle zusammen. Menschen, die nicht flirten können, fangen immer an nachzudenken, wenn sie jemanden sehen, den sie attraktiv finden. Darüber, was von ihnen verlangt werden könnte, was ihnen passieren könnte. Die denken direkt: Oh Gott, was muss ich denn jetzt tun? Oder: Der gibt mir bestimmt einen Korb. Oder: Die ist bestimmt schon vergeben. Oder sie haben Angst, sich zu blamieren. Und dann passiert regelmäßig Folgendes: Unser Überlebensinstinkt nimmt diese »Horrorszenarien« sehr ernst, die Produktion von Stresshormonen setzt ein, und das Adrenalin sorgt dafür, dass ich es mit der Angst zu tun bekomme, verkrampfe …

T.O.: Eine sich selbst erfüllende Prophezeiung?

N.D.: Genau, und ich mache natürlich auch das entsprechende Gesicht und gucke wie eine Kuh, wenn es donnert, und das sieht mein Gegenüber, und all das lädt natürlich nicht gerade zum Flirten ein.

T.O.: Aber was kann ich dagegen tun, dass ich Angst habe, mir einen Korb zu holen, mich zu blamieren?

N.D.: Die Erkenntnis alleine ist schon der erste Schritt. Und Menschen, die gut flirten können, haben eines gemeinsam: Die denken nie darüber nach, was ihnen passieren könnte oder was sie tun müssen, sondern sie nehmen Kontakt auf zu der Person. Ich denke nicht über mich nach, sondern über den anderen. Ich gucke die Person an und denke, du bist aber süß!

Das gibt mir einen völlig anderen Gesichtsausdruck und eine ganz andere Ausstrahlung.

T.O.: Also den Fokus von sich selbst nehmen. Auch den eigenen Selbstwert nicht von der Reaktion des anderen abhängig machen?

N.D.: Nein, nie, das wäre Blödsinn! Jeder Mensch hat im Laufe seines Lebens bestimmte Erfahrungen gemacht, Prägungen erfahren, er ist gerade in einer bestimmten Situation, hat Wünsche, Bedürfnisse. Wenn ich fünf Minuten vor Ladenschluss noch dringend etwas einkaufen muss, bin ich nicht empfänglich für einen Flirt. Denjenigen, der in dem Moment vor mir steht, sehe ich dann nur als ein Hindernis auf dem Weg zu dem, was ich gerade noch vorhabe.

T.O.: Also sollte man sich klarmachen, die eventuelle Ablehnung hat im Zweifelsfall nichts mit mir zu tun, sondern vor allem mit der jeweiligen Situation des anderen?

N.D.: Man kann sich natürlich sehr dämlich anstellen, aber mindestens neunzig Prozent der Ablehnung haben nicht mit mir selbst zu tun. Wie soll ein Mensch einen anderen ablehnen können, wenn er ihn gar nicht kennt.

T.O.: Kann jeder von uns lernen zu flirten?

N.D.: Ja, stellen Sie sich das vor wie Fußballspielen. Ein guter Fußballer muss viele verschiedene Dinge können und so ähnlich ist es beim Flirten auch. Es hilft, wenn man aufmerksam ist, wenn man positiv auf andere zugeht, und es gibt Menschen, die haben sehr viel Talent dafür, und es gibt Menschen, die nicht so begabt sind, die müssen mehr trainieren.

T.O.: Aber bis zu einem gewissen Grad kann es, ähnlich wie beim Fußballspielen, jeder lernen?

N.D.: Ja, es heißt ja, dass man Tausende Stunden braucht, um etwas perfekt zu beherrschen, aber wenn man zwanzig Stunden investiert, kann man schon ganz gut flirten.

T.O.: Was sollten wir als Anfänger beherzigen und was sollte man auf keinen Fall tun?

N.D.: Erstens: Immer da sein, wo sich der eigene Körper gerade befindet. Klingt erst mal komisch, aber wie häufig sind wir körperlich anwesend, aber mit unseren Gedanken ganz woanders und deshalb gar nicht aufmerksam für die Menschen um uns herum. Wenn ich mehr und besser flirten möchte, muss ich aufmerksamer werden und Menschen anschauen, ihnen in die Augen schauen. Das ist eine gute Übung, die ich meinen Klienten aufgebe: Einfach mal bewusst andere angucken. Viele sagen mir danach, dass es ihnen oft schwergefallen ist, überhaupt Blickkontakt aufzubauen. Und ich frage daraufhin zurück, ob das daran liegen könnte, dass sie vorher auch zu den Menschen gehörten, die Blickkontakt möglichst vermieden haben.

T.O.: Gucken hilft schon mal, wenn man flirten will, und dann?

N.D.: Ich verdreifache meine Flirtchancen, wenn ich anfange, mich umzuschauen. Zweitens sollten Sie es sich abgewöhnen, darüber nachzudenken, was könnte bloß alles schiefgehen, sondern andere anschauen und denken: Du gefällst mir! Und dann stellt sich die berühmte Frage: Was sag ich bloß? Manchmal würde »Hallo« schon genügen.

T.O.: Ein »Hallo« allein reicht aber doch nicht ganz, es muss ja weitergehen. Sollte man sich schon vorher Fragen, Geschichten ausdenken?

N.D.: Das ist sehr schwierig, weil jeder Mensch anders ist und vorgefertigte Flirtsprüche und Muster bringen nicht viel. Wichtiger ist die Art, die Einstellung, mit der ich auf jemanden zugehe.

T.O.: Also ist beim Flirten wichtiger, wie ich etwas sage, als was ich sage?

N.D.: Auf jeden Fall. Natürlich kann man es sich mit einem superdoofen Spruch versauen, aber in den meisten Fällen ist es so, dass einen das Nachdenken über das »Was?« so verkrampfen lässt, dass es auf den kreativen Inhalt auch nicht mehr ankommt.

T.O.: Wir halten fest: Patentrezepte gibt es keine beim
Flirten, einstudierte Sprüche bringen nichts. Wichtig ist,
dass man es locker angehen lässt, nichts erwartet und
sich traut, einfach mal zu sagen: Du gefällst mir, ich
finde dich süß ...

N.D.: Genau, einfach mal flirten um des Flirtens willen. Wenn wir uns aber erhoffen, dass wir vielleicht jemanden kennenlernen, dann ist jeder Flirt so etwas wie ein Assessmentcenter für einen möglichen Partner. Es geht darum, dass wir jemanden finden, der zwei Voraussetzungen erfüllt: Er muss bereit und geeignet sein.

T.O.: Jetzt gehen wir davon aus, der Flirt hat funktioniert,
das Assessmentcenter war ein Erfolg, wir haben uns für
ein erstes Date verabredet, ist das schon die halbe Miete?

N.D.: Auf jeden Fall!

T.O.: Welchen Ort schlage ich vor, eine Bar, ein
Restaurant, ein Museum, um vorzutäuschen, dass ich
Interesse an Kultur habe?

N.D.: (lacht) Das kommt darauf an, wie und unter welchen Umständen man sich getroffen hat. Wenn man nach so einem Flirt schon ein paar Informationen darüber hat, was man für gemeinsame Interessen hat, ist es eine gute Idee, wenn man sich aus diesem Repertoire etwas aussucht. Es spielt auch eine Rolle, wie nah man sich bei diesem ersten Flirt schon gekommen ist. Also stellt sich die Frage, möchte man sich beim nächsten Mal schon wesentlich näherkommen?

T.O.: Natürlich möchte man das, sonst trifft man sich doch nicht ein zweites Mal!

N.D.: (lacht) Sehen Sie, da haben Sie auch die Antwort, warum ein zweites Treffen schon die halbe Miete ist. Bei Frauen gibt es immer zwei Möglichkeiten: Entweder sie sehen das genauso oder sie sind sich noch nicht sicher und denken, ich muss mir den noch mal angucken. Man kann sich natürlich gut in einem Café oder in einer Kneipe treffen, bei einem Blind Date kann man ins Kino gehen, dann hat man wenigstens einen guten Film gesehen. Und wenn einem das gefallen hat, kann man ja hinterher noch was trinken gehen, dann hat man sich wenigstens nicht den ganzen Abend gelangweilt.

T.O.: Wie bereite ich mich auf so ein Date vor, also was ziehe ich an?

N.D.: Nicht übertreiben! Gerade wir Frauen machen uns darüber, was wir anziehen sollen, immer viel zu viele Gedanken. Es sollte zum Anlass passen, aber wenn ich direkt aus dem Büro in die Kneipe gehe, kann ich natürlich so bleiben, wie ich bin. Wichtig ist, dass die Klamotten sauber sind, dass sie anständig sitzen und dass sie zu mir passen. Was glauben Sie, was ich schon alles gesehen und gehört habe!

T.O.: Also auf keinen Fall verkleiden, etwas anderes scheinen wollen, als man ist?

N.D.: Mein Gegenüber soll zwar ein gutes Bild von mir bekommen, aber kein falsches!

T.O.: Darf ich mir vorher Mut antrinken?

N.D.: (lacht) Ein Drink ist erlaubt!

T.O.: Was geht überhaupt nicht beim ersten Date? Ein Fauxpas ist sicherlich, wenn man nur von sich erzählt?

N.D.: Genau, das passiert aber sehr häufig, denn Männer finden Frauen schneller interessant und attraktiv als umgekehrt. Zuhören kommt immer gut, Sie müssen aber aufpassen, dass Sie nicht so tun, als wären Sie ihr Therapeut, dann wird sie das auch so verstehen – und die wenigsten Frauen schlafen mit ihrem Therapeuten.

T.O.: Wie ist es mit Humor, stehen Frauen bei Männern darauf?

N.D.: Aus meiner Erfahrung gibt es drei Dinge, woran ich erkenne, ob ein Mensch für eine Beziehung mit mir geeignet ist. Erstens: Er sollte einigermaßen mit mir übereinstimmende Werte und Ziele haben. Zweitens: Man sollte dieselbe Vorstellung davon haben, was Partnerschaft für einen selbst bedeutet, also heiraten, Kinder, all diese Dinge. Und der dritte

Punkt ist: Der Humor muss passen, weil das tolle Aussehen vergeht mit der Zeit, aber jemand, mit dem ich lachen kann, das wird auch noch funktionieren, wenn die rosarote Brille der Verliebtheit den ersten Sprung bekommen hat. Aber viele Männer, die sich betont humorvoll geben, tun das aus Unsicherheit und machen sich zum Kasper. Und das ist der Punkt: Niemand möchte mit dem Kasper Sex haben!

T.O.: Nicht mal das Krokodil …

N.D.: (lacht) Aber ein Mann, der sich selbst nicht so ernst nimmt und der vielleicht auch sie gar nicht so ernst nimmt, zieht sie ein wenig auf, nimmt sie auf den Arm, das kann sehr, sehr sexy sein. Und da sind wir wieder beim Assessmentcenter: Wenn ich dem anderen meinen Humor zeige und der andere irgendwie sagt, das finde ich jetzt gar nicht lustig – was will ich mit dieser Person?

T.O.: Wenn man eine Expertin in Sachen Flirt ist, kann man dann einen anderen in sich verliebt machen, wenn man das möchte?

N.D.: (überlegt) Soll ich jetzt angeben? Ich habe das natürlich schon erlebt, dass Männer solche Befürchtungen haben. Ich flirte eben sehr gerne, und da kommt irgendwann die Frage: Was machst du beruflich, und ich sage: Flirttrainerin, und tatsächlich hat daraufhin mal einer zu mir gesagt: Machst du gerade irgendwas mit mir? Und ich habe zurückgefragt: Wieso, spürst du schon was?

T.O.: Was sagt Ihr Mann dazu, dass Sie so viel flirten?

N.D.: Mein Mann hat mich kennengelernt, als ich das schon beruflich gemacht habe, und er hat sehr gut verstanden, wie ich das mit dem Flirten meine, und er macht das genauso.

T.O.: Bei den Amis ist klar, wenn beim dritten Date nichts läuft, wird das nix. Wann sollte man frühestens Sex haben?

N.D.: Also, beim ersten Date finde ich es schwierig. Aber wenn die beiden super zusammenpassen, warum nicht? Grundsätzlich würde ich davon abraten und dafür plädieren, dass man sich nach dem ersten Date noch etwas Zeit nimmt, um zu überlegen, weil oft ist es so, dass Männer aus diesem ersten Date das einzige Date machen wollen und dir erzählen, was immer du gerne hören möchtest.

T.O.: (schmunzelt) So etwas machen natürlich nur Männer?

N.D.: Es gibt gelegentlich auch Frauen, die das machen, aber da müsste ich jetzt weiter ausholen …

T.O.: Jetzt wird es spannend …

N.D.: Warum sind Frauen so misstrauisch? Da gibt es verschiedene Faktoren und ein Faktor ist diese berühmte Steinzeitkomponente. Die Frau hat einmal im Monat ein Ei und der Mann hat siebzehnmal am Tag fünf Millionen Spermien – da wird so manchem klar, warum Männer etwas großzügiger sind, wenn man die Sache von der Evolutionsgeschichte her betrachtet. Man könnte natürlich kontern und sagen, aber wir leben doch jetzt in Zeiten der modernen Verhütung und viele Männer wollen sich ja gar nicht reproduzieren.

T.O.: Also wie kommt es, dass wir immer noch so denken?

N.D.: Da fallen mir zwei Sachen ein: Erstens, eine Frau, die viel Erfahrung mit unterschiedlichen Männern hat, gilt in unserer Gesellschaft immer noch als Schlampe und der entsprechende Mann ist ein toller Hecht. Es wird allen Frauen nach wie vor beigebracht, dass sie wählerisch sein müssen, um keine Schlampe zu sein, für die Jungs ist es okay. Und zweitens, der emotionale Erfolg einer sexuellen Begegnung, also das Erreichen eines Orgasmus, ist für Männer sehr viel sicherer als für Frauen. Und alleine deshalb gibt es viel mehr Männer, die sagen, na, dann schauen wir halt mal … und viele Frauen fühlen sich dadurch ausgenutzt.

T.O.: Ein Plädoyer dafür, es langsam und locker angehen zu lassen?

N.D.: Und sich stets klarzumachen, wie unterschiedlich wir sind. Flirten ist ein Spiel, haben wir vorhin gesagt. Aus weiblicher Sicht bedeutet spielen, dass man etwas zusammen macht, dabei lacht, Spaß hat, sich besser kennenlernt. Wenn ich das

Wort Spiel aus männlicher Sicht analysiere, ist es meistens etwas, wobei man konkurriert und gewinnen möchte.

> *T.O.: Liebe Nina Deißler, vielen Dank für die Nachhilfe in Sachen Flirt!*

N.D.: Sehr gerne, Herr Otto, und flirten Sie weiter!

Die Essenz dieses Interviews mit Nina Deißler besteht für mich in der tröstlichen Erkenntnis, dass wir, wenn wir absichtslos flirten, eigentlich nichts falsch machen können – vorausgesetzt, wir denken nicht dauernd darüber nach, was alles schiefgehen kann. Und was ist das Schlimmste, was beim Flirten passieren kann? Ablehnung oder Desinteresse. Aber wenn wir uns in Erinnerung rufen, dass in etwa neunzig Prozent der Fälle die Ablehnung gar nichts mit uns als Person zu tun hat, sondern der Situation geschuldet ist, verliert auch dieses Szenario seinen Schrecken. Wenn es also keinen Grund gibt, sich zu fürchten, sollten wir einfach mit dem Flirten beginnen, denn je häufiger wir es tun, desto besser werden wir darin und desto mehr Spaß macht dieses Spiel. Schon nach zwanzig Stunden beherrscht man die Kunst der kleinen erotischen Annäherung ganz gut, hat die Flirtexpertin aus ihrer Erfahrung berichtet. Wenn wir Männer noch begreifen, dass es beim Flirt nicht ums Gewinnen geht, sondern um die Freude am Moment und um das Kennenlernen eines anderen Menschen, sind wir in Zukunft auch den Situationen gewachsen, in denen wir uns vom Flirt mehr versprechen als nur ein paar prickelnde Minuten.

Ich gebe zu, dass ich mich nach dem Gespräch mit Nina Deißler auf ihren Hinweis – flirten Sie weiter – hin einem kleinen Selbstversuch unterzogen habe. Natürlich völlig absichtslos habe ich eine Woche keine Gelegenheit, sowohl privat als auch beruflich, ausgelassen, um zu flirten. Nach zwölf Jahren Ehe musste ich anfangs feststellen, dass ich durchaus etwas eingerostet war, aber von Mal zu Mal – ich hätte fast gesagt, von Opfer zu Opfer – wurde es besser. Kleine Komplimente über den neuen Haarschnitt oder die Schuhe einer Kollegin oder das Lächeln einer Verkäuferin fielen mir zusehends leichter. Am Ende der Woche – und das ist für mich die entscheidende Erkenntnis – fühlte ich mich fast schon beschwingt.

Und das, weil ich anderen, Kolleginnen und fremden Frauen, für ein paar Momente ein gutes Gefühl gegeben hatte, also ein paar von ihnen zumindest. Natürlich habe ich auch den verständnislos herablassenden Blick nach einem Kompliment oder die versteinerte Miene nach einem Lächeln erlebt, aber ganz ehrlich: Es hat mich jedes Mal weniger gestört. Meine Empfehlung an Sie alle: Probieren Sie es einfach aus, flirten tut gar nicht weh!

DIE 10 BESTEN TIPPS FÜR DEN FLIRT

1. Gehen Sie es locker an, ein Flirt ist nur ein Spiel und mal gewinnt man, mal verliert man.

2. Flirten Sie erst mal aus Spaß, ohne etwas zu erwarten.

3. Nehmen Sie sich selbst nicht so ernst, denken Sie nicht zu viel über Ihre Wirkung nach.

4. Schauen Sie sich andere Menschen an und suchen Sie den Blickkontakt mit Leuten, die Ihnen gefallen, aber starren Sie sie nicht an.

5. Keine blöden Anmachsprüche, ein ehrliches Kompliment kommt viel besser an.

6. Je häufiger Sie flirten, desto besser und erfolgreicher werden Sie.

7. Machen Sie Ihren Selbstwert nicht vom Erfolg des Flirts abhängig, eine Ablehnung hat meist nix mit Ihnen zu tun.

8. Ziehen Sie sich so an, dass Sie sich wohlfühlen, und »verkleiden« Sie sich nicht.

9. Humor ist immer gut, aber machen Sie sich nie zum Kasper.

10. Wer gut zuhören kann, kommt oft besser an als der, der nur gut erzählen kann.

Chef- und Konfliktgespräch: Die Kunst, unabhängig und clever zu verhandeln und seine Ziele zu erreichen

Jeder von uns kennt Menschen, die von der ersten Sekunde an ausstrahlen: Ich bin Chef und du nicht! Nicht immer haben diese Leute, meistens sind es Männer, auch tatsächlich eine leitende Position inne. Ich habe mich oft gefragt, was macht diese »chefige« Attitüde aus, woher kommt sie und warum fühle ich mich in der Gegenwart solcher Menschen stets latent unwohl. Bis heute fordern mich Gespräche mit Alphatieren aus Politik und Wirtschaft oft auf besondere Weise heraus, was wahrscheinlich daran liegt, dass ich seit früher Jugend Personen, die qua Amt oder Position eine bestimmte Autorität ausstrahlen, nur schwer ertragen konnte. Ich bin überzeugt, Autorität erwirbt man sich durch Kompetenz, Menschlichkeit und vor allem entsprechendes Tun und nicht durch Titel, Geld oder Macht. Das mag für manchen naiv klingen, aber hier stehe ich und kann nicht anders.

Mit Spitzenpolitikern habe ich in dieser Hinsicht übrigens unterschiedliche Erfahrungen gemacht. Die meisten sind ja darauf geeicht, sympathisch zu wirken, und deshalb stets bemüht, nicht zu autoritär und dadurch eventuell einschüchternd zu wirken. Den ehemaligen Bundeskanzler und Freund des »lupenreinen Demokraten« Putin, Gerhard Schröder, habe ich bei unserem Gespräch als jovialen Schulterklopfer und Meister des Weglächelns jeder Kritik erlebt. Seiner Nachfolgerin Angela Merkel ist diese Fähigkeit schon ob der Stellung ihrer Mundwinkel nicht so gegeben, was sie aber keineswegs unsympathischer macht. Ich erzähle Ihnen das, um zu illustrieren, dass auch ich lange mit denkbar ungünstigen Voraussetzungen in Jahres- oder Perspektivgespräche mit Chefs gegangen bin, und deshalb sind nicht wenige dieser Gespräche in den letzten fünfundzwanzig Jahren schiefgegangen.

Wer dazu neigt, wie ich, Autoritäten grundsätzlich anzuzweifeln, der kann ein schwieriger Mitarbeiter sein. Wenn ich Fernseh- und nicht Radiomoderator wäre, wettete ich ein Vermögen darauf, dass alle meine bisherigen Chefs diesen Satz unterschreiben würden. Dabei hat diese Skepsis gegenüber Autoritäten rein gar nichts damit zu tun, dass ich jemals glaubte, ein besserer Chef sein zu können. Ich eigne mich nur überhaupt nicht als Untergebener. Es hat viele Jahre und einige Chefs gedauert, bis ich begriffen hatte, dass so ein Mitarbeitergespräch auch für den Chef meistens kein großes Vergnügen ist, weil – und das liegt in der Natur der Sache – die Interessen von Chef und Mitarbeiter selten übereinstimmen. Der Chef wird zuerst seine Interessen und vor allem die der Firma im Auge haben. Ob ich der Meinung bin, dass ich schon lange mehr Geld verdienen oder eine bessere Sendezeit bekommen müsste, ist zunächst mal mein Problem. An mir ist es also, Argumente zu finden, zu kommunizieren und ihn auf diese Weise zu überzeugen, dass er und die Firma auch davon profitieren, wenn er meine Forderungen erfüllt.

Ein wichtiger Punkt in den meisten Chefgesprächen ist folgende Annahme: Die Kompetenz des Mitarbeiters ist nur ein Faktor. Chefs entscheiden, ob bewusst oder unbewusst, natürlich zudem nach Sympathie. Es kann deshalb nur helfen, wenn Sie sich als Mitarbeiter bewusst machen, dass auch Chefs nur

Menschen sind. Sie sollten deshalb mit freundlicher Offenheit und etwas mehr Verständnis für deren Position in ein Jahres-, Perspektiv- oder Gehaltsgespräch gehen. An dieser Stelle wieder der obligatorische Hinweis auf mein Mantra: Wenn ich, ein zur Renitenz neigender und auf diplomatischem Feld nicht sonderlich begabter Egozentriker, das halbwegs gelernt habe – dann können Sie es sicher genauso gut. Ich glaube, ich erwähnte bereits, dass mir die Fähigkeiten, die ich durch meinen Beruf als Gastgeber einer Gesprächssendung mit den Jahren erworben habe, laut Aussage meiner Frau, den Therapeuten ersparen.

Ich würde sogar so weit gehen, dass die Erfahrung aus all den »Mensch, Otto!«-Gesprächen mich inzwischen in die glückliche Lage versetzt, den ein oder anderen Konflikt, den eine Beziehung zwischen Mann und Frau über die Jahre bereithält, besser zu verstehen, manchmal gelassener zu ertragen und hin und wieder sogar zur Lösung beizutragen. Von der Meisterschaft meines nächsten Interviewpartners bin ich allerdings Lichtjahre entfernt.

INTERVIEW MIT MATTHIAS SCHRANNER

Matthias Schranner war lange Zeit Verhandlungsführer einer Spezialeinheit des Bundesinnenministeriums bei Geiselnahmen und Entführungen. Heute ist er Experte für besonders schwierige Verhandlungen in der freien Wirtschaft, Vorstandsvorsitzender des Negotiation Institute in Zürich, Coach und Autor. Mit ihm habe ich darüber gesprochen, wie man die

Angst vor dem Gespräch mit dem Chef in den Griff bekommt und das bestmögliche Ergebnis für sich erzielt, aber auch darüber, warum wir Konflikten nicht grundsätzlich aus dem Weg gehen sollten und warum er überzeugt ist, sogar mit dem sogenannten Islamischen Staat verhandeln zu können.

T.O.: Warum haben so viele Menschen Bammel vor einem Gespräch mit dem Chef?

M.S.: Weil die Abhängigkeit so groß ist. Wir haben Angst vor einer Verhandlung, wenn wir Konsequenzen fürchten; Konsequenzen gibt es, wenn es Abhängigkeiten gibt. Also Verhandlungen mit dem Chef, mit dem Ehepartner, mit den Kindern, mit den Eltern – also immer dann, wenn die Konsequenzen mein weiteres Leben dramatisch beeinflussen, haben wir Angst.

T.O.: Wie kann ich es schaffen, dass ich etwa beim nächsten Jahresgespräch, Personalgespräch, Gehaltsverhandlungsgespräch mit meinem Chef meine Nerven ein bisschen besser im Griff habe, mich der Situation mit einer positiven Einstellung nähere?

M.S.: Indem ich mich von dieser Abhängigkeit befreie. Zum Beispiel, wenn ich in eine Gehaltsverhandlung gehe. Die Frage ist dann: Was soll schon passieren? – Es geht ja (in Anführungsstrichen) nur um Geld! Jetzt muss ich mich halt sauber vorbereiten, muss saubere Strategien, saubere Taktiken bereithalten …

T.O.: Wie mache ich das? Wie bereite ich mich vor?

M.S.: Es gibt verschiedene Strategien bei Gehaltsverhandlungen. Es ist einfach wichtig, dass ich mir vor Augen führe, dass die Verhandlung, die ich führe, für die Zukunft ist – ich möchte für die Zukunft mehr Geld haben. Also muss ich für die Zukunft verhandeln und darf nicht die Vergangenheit verhandeln. Das heißt, ich darf nicht sagen, ich hab im letzten Jahr einen super Job gemacht, jetzt möchte ich für die Zukunft mehr Geld haben, sondern ich muss sagen: Ich möchte in der Zukunft mehr Geld haben, und ich bin auch bereit, in Zukunft mehr zu tun, also mehr Verantwortung zu übernehmen, zum Beispiel, mehr Umsatz, größeres Team. Und jetzt bin ich positiv in der Verhandlung, weil ich jetzt nicht reingehe und sage: Mensch, hoffentlich lobt er mich genug, weil ich so einen super Job gemacht habe, sondern jetzt gehe ich rein und will was haben. Und habe eine gute Ausgangsbasis, weil ich ja für die Zukunft etwas anbieten kann. Es gehen nun einmal viele in die Gehaltsverhandlung rein und haben nichts anzubieten, sondern nur eine Forderung – und das wird natürlich extrem schwierig zu verhandeln.

T.O.: Wie wichtig ist es, dass man versucht, auf Augenhöhe zu verhandeln mit dem Chef?

M.S.: Augenhöhe ist das, was ich mir selbst einbilde. Die Augenhöhe ist etwas, was ich subjektiv für mich feststelle. Es gibt Verhandlungen, da fühle ich mich nicht auf Augenhöhe, und es gibt Verhandlungen, da fühle ich mich überlegen. Beides ist eine Einbildung und somit eine subjektive Einschätzung und hat mit der Wahrheit nichts zu tun. Ich kann mich bei beiden Einschätzungen brutal täuschen. Es kann zum Beispiel sein, ich unterschätze meine Position und mein Chef braucht meine Arbeitsleistung unbedingt, es kann aber auch sein, ich überschätze meine Funktion, und dann scheitere ich. Es ist tatsächlich ein Einschätzen. Und deshalb darf man sich bei Verhandlungen nie Gedanken machen, in welcher Verhandlungsposition bin ich denn – bin ich schwächer oder stärker, sondern ich muss einfach reingehen mit diesem Gefühl, ich will etwas haben. Wenn der andere mit mir verhandelt, will er auch etwas haben, sonst würde er nicht verhandeln. Und dadurch ergibt sich die Augenhöhe.

T.O.: Kann man generell sagen, was bei Chefs gut ankommt in so einem Gespräch?

M.S.: Was jeder Chef liebt, ist dieser Wille, mehr zu tun fürs Unternehmen. Und dann müssen die Forderungen natürlich dazu passen. Da gibt's zum Beispiel Leute, die gehen in die Verhandlung rein und sagen: Ich möchte mehr Verantwortung übernehmen. Dann sagt der Chef: Hört sich gut an! Was konkret? Dann sagen die: Ich möchte mehr Geld, ein größeres Auto, ich möchte ein Eckbüro, das heißt, die Forderungen passen nicht zur Kernaussage. Wenn ich also in einer Verhandlung sage, ich möchte mehr Verantwortung, heißt das, ich möchte ein größeres Team betreuen, ich möchte Asien mitbetreuen oder so … Es muss stimmig sein.

T.O.: Man sollte in der Lage sein, Lösungen anzubieten?

M.S.: Nein, Lösungen noch nicht, das geht zu weit. Sondern man sollte in der Lage sein, klar zu sagen, was man will. Und diese Forderungen müssen stimmig sein, müssen zum Gesamtbild passen. Wenn ich also sage, ich will mehr Verantwortung übernehmen, muss die Forderung heißen: Ich möchte ein größeres Team haben. Und nicht: Ich will mehr Geld.

T.O.: »Tue Gutes und rede darüber!« – Wie wichtig ist es, dass man sich gut verkauft in so einem Gespräch?

M.S.: Das ist für mich ein kritischer Punkt, weil sich zu verkaufen birgt natürlich die große Gefahr in sich, dass man als Blender dasteht. Man darf etwas begründen, man darf es aber nicht bewerten. Das ist ein Riesenunterschied. Ich kann sagen – wie etwa in meinem Fall –: »Ich habe früher bei der Polizei verhandelt, ich weiß, was mit Menschen im Stress passiert!« Ich darf nicht sagen: »Ich bin der beste Verhandlungsführer und deshalb bin ich schlauer als du.« Ich darf etwas sagen, was tatsächlich stimmt. Aber ich darf es nicht bewerten im Sinne von: Ich bin besser, ich bin schöner, ich kann … Bewertungen sind gefährlich.

T.O.: Eigen-PR ist eine schwierige Geschichte?

M.S.: Ja, unbedingt, weil es gehören immer zwei dazu. Es gibt ja jemand, der die Nachricht hört. Und es gibt Leute, die sagen: »Hey, cool, der kann sich gut verkaufen!« Es gibt aber auch

Leute, die sagen: »Das ist ein Blender, ein Schwätzer!« Also, ich bin sehr, sehr vorsichtig mit solchen Tipps. Ich würde es nicht empfehlen.

T.O.: Sie haben mit Geiselnehmern verhandelt, Sie verhandeln mit und coachen Chefs, Topunternehmer. Gibt's bei Ihnen Situationen, in denen Sie aufgeregt sind, und was machen Sie dagegen?

M.S.: Aufgeregt zu sein ist ein positives Signal des Körpers, weil der Körper jetzt weiß, also sobald Stress entsteht, sobald der Bauch kribbelt, die Hände feucht werden: »Aufpassen, jetzt geht's los. Jetzt kommt eine ›gefährliche‹ Situation, jetzt musst du fit sein.« Wenn der Stress kommt, ist es ein sehr positives Zeichen im Sinne von: »Hey, dein Körper hat verstanden, jetzt wird es wichtig! Ich bin bereit.« Deshalb, wenn es losgeht, wenn ich den Stress spüre, bitte glücklich und froh sein, weil das ist eine wichtige Voraussetzung. Jetzt kommt natürlich die Einschränkung: Die Dosis macht das Gift. Die Frage ist natürlich, was kann ich machen, damit ich nicht über diesen gesunden Stressbereich hinausschieße. Ich muss mich selbst kontrollieren können. Man sagt in der Psychologie »Impulskontrolle«. Meiner Erfahrung nach braucht man nur ein Wort, damit man nicht darüber hinausschießt. Ich verwende zum Beispiel das Wort »schwierig«. Wenn zu mir jemand kommt und mich überrennt mit irgendeiner Forderung, sage ich »schwierig« und zähle bis drei.

T.O.: So eine Art Mantra?

M.S.: Ja, genau. Wo ich dann für mich einfach noch ein paar Sekunden Zeit habe zu überlegen und mich nicht schnell von einem Impuls hinreißen lasse.

T.O.: Sie coachen auch Chefs. Ist das für Chefs auch eine Stresssituation, wenn sie in ein Mitarbeitergespräch gehen?

M.S.: Es kommt darauf an. Wenn ich einen unheimlich wichtigen Mitarbeiter habe, der weiß, dass er gut ist, wird der auch umworben. Das bedeutet natürlich: Wenn ich den Mitarbeiter verliere, verliere ich einen Teil meines Teams und gefährde somit womöglich das Ziel, das ich für mein Unternehmen zu erbringen habe. Ich würde also definitiv unterschreiben, dass diese »Angst vor dem Gespräch« beim Chef mindestens genauso groß ist wie beim Mitarbeiter.

T.O.: Das könnte vielleicht helfen, wenn man sich vorstellt, dass der Chef in der Situation ebenfalls Stress hat, oder?

M.S.: Ja, genau. Die Kunst in der Verhandlung ist ja, dass man sagt: »Okay, wir wollen zu einem Ergebnis kommen.« Und wenn man zum Beispiel zu Beginn der Verhandlung sagt: »Ich glaube, das ist ein Gespräch, das wir beide gerne vermeiden möchten. Und trotzdem ist es wichtig, dass wir uns auseinandersetzen«, dann ist das ein Herstellen von einer Gemeinsamkeit, indem ich signalisiere: Wir wollen beide etwas erreichen und haben beide bestimmte Bedenken.

T.O.: Vielen Menschen ist ein Streitgespräch oder ein Konflikt, der ausgetragen werden muss, noch unangenehmer als ein Gespräch mit dem Chef. Warum neigen wir Menschen dazu, Konflikten aus dem Weg zu gehen?

M.S.: Es gibt zwei Arten, wenn man es schwarz-weiß darstellen will: Es gibt Menschen, die haben lieber einen Konflikt mit anderen Menschen als mit sich selbst. Die sagen: »Mir ist wichtig, dass ich mir selbst treu bleibe, deshalb gehe ich in den Konflikt mit dem anderen.« Es gibt andere Menschen, die haben lieber einen Konflikt mit sich selbst als mit anderen.

T.O.: Die sind harmoniesüchtig oder zumindest sehr harmoniebedürftig?

M.S.: Genau, harmoniebedürftig. Ich mache lieber etwas für den anderen, aber jetzt habe ich einen Konflikt mit mir selbst: Jetzt ärgere ich mich tierisch, dass ich's gemacht habe. Das heißt, der Stress ist bei beiden gleich.

T.O.: Wie komme ich da raus? Was ist die bessere Lösung?

M.S.: Vorbereitung. Einfach überlegen: Wieso bin ich denn auf der Welt? Ich bin ja nicht auf der Welt, um Konflikte zu vermeiden. Sondern ich bin auf der Welt, weil ich bestimmte Ziele erreichen möchte. Wir sollten uns einfach damit auseinandersetzen, dass der Konflikt sowohl im Beruf als auch im Privatleben Bestandteil des täglichen Lebens ist. Und ich kann mich nicht einfach nur so hineintreiben lassen. Sondern ich muss mich wirklich vorbereiten, ein klares Ziel setzen, eine klare Strategie und dann geht's auch.

T.O.: Der große Einstein hat gesagt: Ein Abend, an dem sich alle völlig einig sind, ist ein verlorener Abend. Hat er recht? Kann es Spaß machen, zu streiten, zu diskutieren?

M.S.: Ja, unbedingt. Kreativität entsteht ja nur in der Auseinandersetzung. Wenn ich allein in meinem Kämmerchen sitze, bin ich meist weniger kreativ. Wenn ich mich mit anderen auseinandersetze, kommen neue Ideen, neue Impulse. Und deshalb ist die Auseinandersetzung gerade in der Verhandlung so wichtig. Das Grundelement der Verhandlung ist ja der Konflikt. Durch diese Auseinandersetzung komme ich auf neue Ideen, auf neue Lösungsansätze, und durch die komme ich tatsächlich weiter.

T.O.: Wenn ich jetzt aber ein harmoniebedürftiger Mensch bin, der ungern streitet. Wie kann ich das üben? Muss ich mich immer wieder solchen Situationen aussetzen?

M.S.: Ich muss mich langsam herantasten. Wenn mich mein Kollege etwa bittet, Papier im Drucker nachzufüllen. Das ist eine scheinbare Kleinigkeit, aber der Harmoniebedürftige steht auf, bringt das Papier zum Drucker, weil er den Konflikt mit dem Kollegen vermeiden möchte. Das sind so Sachen, bei denen man üben kann.

T.O.: Auch mal »Nein« zu sagen?

M.S.: Nicht nur »Nein« zu sagen, sondern zu verhandeln im Sinne von: »Du, ich könnte mir vorstellen, das Papier nachzufüllen, wenn du mir einen Kaffee bringst.« Ich gehe also in den Konflikt und übe dabei. Durch dieses Üben von kleinen Konflikten werde ich irgendwann so weit sein, dass ich auch in einen großen Konflikt gehen kann.

T.O.: Wenn wir jetzt über die Strategie in so einem Streitgespräch, in so einem Konflikt reden: Wie wichtig ist wieder die Augenhöhe und wie wichtig ist es, erst mal zu versuchen, den anderen zu verstehen?

M.S.: Die große Gefahr in einer Verhandlung besteht ja darin, dass man versucht, den anderen zu verstehen …

T.O.: Das ist eine große Gefahr?

M.S.: Unbedingt. Weil ich dadurch, dass ich den anderen verstehe, meine eigene Zielsetzung aufgebe.

T.O.: Das heißt, man sollte gar nicht versuchen, den anderen zu verstehen?

M.S.: Auch hier: Die Dosis macht das Gift. Zum Beispiel in meiner Welt: Ich verstehe jetzt den Geiselnehmer. Wenn ich daraufhin plötzlich ein Mitgefühl für ihn entwickele, verlasse ich aber meine eigene Zielsetzung, für die ich eigentlich angestellt bin.

T.O.: Gefühle raushalten aus dem Konflikt?

M.S.: Es gibt zwei große Zielsetzungen: Das eine ist Friede, das andere ist Harmonie. Bei einer Friedensverhandlung möchte man Frieden, also Waffenstillstand. Bei Harmonie muss man verstehen, warum es so weit gekommen ist. Man sieht das gut bei Ehepartnern. Der eine möchte Frieden, der andere möchte Harmonie.

Der Mann möchte am Abend einfach geregelt haben, wann es Essen gibt. Der will nicht großartig diskutieren. Die Frau will wissen: »Wieso willst du das jetzt so haben?«

T.O.: Wie bringt man das zusammen?

M.S.: Gar nicht. Da muss man überlegen: Was will ich eigentlich? Dramatisch ist es, wenn Ehepartner sich scheiden lassen, dann wird's offensichtlich. Da gibt's den einen, der will nur Frieden, der will Regeln haben, also, wann hole ich die Kinder ab, wie viel Unterhalt muss ich zahlen. Der Frau geht es vielleicht um die Frage: Wieso konnte es so weit kommen? Sie will verstehen, was da passiert ist. Und in so einer Situation merkt man, dass die zwei Zielsetzungen nicht kompatibel sind. Wenn's nicht kompatibel ist, muss man erst auf Frieden gehen und dann auf Harmonie. Also erst Regeln aufstellen, und wenn die Regeln eingehalten werden, kommt die zweite Stufe, dann kann man anfangen zu verstehen.

T.O.: Trotzdem macht's nur Sinn, wenn beide an einer Lösung interessiert sind, oder?

M.S.: Ja, das ist die große Gefahr. Es gibt Verhandlungen, auch im Privatbereich, da ist mein Partner nicht an einer Lösung interessiert, sondern er möchte mir sagen, dass ich falschliege.

T.O.: Was mache ich in einem solchen Fall? Breche ich die Verhandlung ab?

M.S.: Da muss man ein bisschen anders fragen: Wenn etwa meine Frau gar nicht mit mir verhandeln will, sondern sie mir einfach sagen will, dass sie recht hat und ich nicht, dann ist sie gar nicht an einer Lösung interessiert, sondern sie möchte sich einfach nur durchsetzen. Jetzt kann ich mich also entscheiden: Konflikt mit mir selbst oder Konflikt mit ihr! Das ist die Grundsatzentscheidung.

T.O.: Also letztendlich eine Frage der Priorität?

M.S.: Ganz genau. Was ist mir wichtiger?

T.O.: Grundsätzlich, wenn ich einen Konflikt oder einen Streit austrage: Direkt auf den Tisch mit dem Streitgrund oder erst mal langsam anfangen?

M.S.: Meine Erfahrung ist: Je früher man den Konflikt direkt anspricht, desto besser ist es. Die Frage lautet allerdings nicht in erster Linie, wann spreche ich den Konflikt an, sondern wie spreche ich ihn an. Am besten ist es natürlich, in der Ich-form, also eine subjektive Darstellung des Problems, nie eine objektive. Eine objektive Darstellung wäre, wenn ich zu meiner Frau sage: Du, das macht man nicht. Wenn ich also so tue, als ob es eine Regel gäbe. Wenn ich aber sage, ich ärgere mich, wenn du das machst, komme ich besser in den Konflikt rein.

T.O.: Was mache ich denn, wenn einer nicht zu stoppen ist und einen Monolog hält?

M.S.: Es gibt zwei Möglichkeiten. Entweder er ist derart gestresst, dass er ins Reden kommt – die meisten Menschen reden ja nicht, weil sie wollen, sondern weil sie so gestresst sind und nicht wissen, was sie sonst machen sollen. Oder es sind Menschen, die von ihrer Eitelkeit getrieben sind und sich einfach gerne reden hören. Am besten reagiert man, indem man positiv unterbricht. Im Sinne von: »Da haben Sie jetzt was ganz Interessantes gesagt, das würde ich gerne weiterführen ...« Menschen lassen sich gerne unterbrechen, wenn es positiv ist.

T.O.: Und wenn man selbst unterbrochen wird? Das kennt man ja auch: Es gibt Leute, die einem ständig ins Wort fallen. Wie kann ich das vermeiden?

M.S.: Dann hat man zu viel geredet.

T.O.: Man ist selbst schuld? Man muss doch etwas dagegen tun können?

M.S.: Wer unterbrochen wird, redet zu viel!

T.O.: Was ist von der These zu halten, dass man das stärkste Argument immer aufheben und in einem Streitgespräch zum Schluss bringen soll?

M.S.: Beim Streitgespräch geht es ja nicht um Argumente, sondern darum, den Konflikt zu lösen. Wir sagen immer: »Put the fish on the table« – also, du musst den »Fisch« auf den Tisch legen, und wenn du ihn stattdessen unter dem Tisch versteckst, fängt er irgendwann an zu stinken. Und je später ich ihn aus der Deckung hole, desto schwieriger wird's. Bei Konfliktgesprächen geht's weniger um Argumentation, da geht's mehr darum, den Konflikt direkt, in der Ichform aus der subjektiven Sichtweise, anzusprechen.

T.O.: Wie ist es bei Streitgesprächen, Konflikten, auch schwierigen Verhandlungen: Hat Humor da Platz, bringt das was?

M.S.: Nein, nein, nein. Viel zu gefährlich. Humor ist ja nur, wenn alle lachen. Jeder Witz, jede lächerliche Bemerkung geht immer auf Kosten von jemand. Unkalkulierbar.

T.O.: Wie wichtig ist es, fair zu bleiben?

M.S.: Unbedingt.

T.O.: Keine Tricks?

M.S.: Unbedingt fair bleiben, keine Tricks, aber Taktieren ist in Ordnung, das bedeutet, ich überlege mir vor der Verhandlung »Was tue ich?«, um die Überlegungen dann in die Verhandlung zu nehmen. Tricks darf man nie anwenden, denn in der Welt, in der wir uns bewegen, gibt es keinen »One Shot« mehr, es gibt nicht mehr die einmalige Verhandlung. Ich bin gerade in Wien. Wenn ich jetzt meinen Geschäftspartner hier über den Tisch ziehe, weiß es über Twitter und Facebook morgen die ganze Welt. Die Zeiten sind vorbei. Man darf nicht mehr tricksen, es geht nicht mehr.

T.O.: Also niemanden bloßstellen, immer das Gesicht wahren lassen?

M.S.: Immer das Gesicht wahren lassen und immer locker bleiben.

T.O.: … »immer locker bleiben« ist leichter gesagt …

M.S.: Das stimmt, aber das ist Übungssache. Konflikte managen ist genauso ein Job wie Kinder erziehen oder so. Du musst es üben, du lernst es nicht von heute auf morgen.

T.O.: Also kann's jeder lernen?

M.S.: Unbedingt! Meines Wissens gibt's in der Schule kein Fach, das da heißt »Konflikte lösen«. Wir haben in dem Punkt noch Nachholbedarf.

T.O.: Was würden Sie sagen, wie viele Stunden haben Sie in Ihrem Leben verhandelt?

M.S.: Ja, bis auf Schlafen, denke ich, fast alle …

T.O.: (lacht) Das Leben eine einzige Verhandlung …

M.S.: Ich habe es zu meinem Beruf gemacht und mir macht es auch Spaß. Ich finde, es gibt nichts Schöneres, als zu verhandeln und Konflikte zu lösen.

T.O.: Sie haben mal gesagt, Sie würden gerne als Verhandlungsführer helfen, den Nahostkonflikt zu lösen, würden Sie auch mit den Terroristen des sogenannten Islamischen Staates verhandeln?

M.S.: Nee, nun, man muss unterscheiden. Es gibt Hintermänner bei den Terroristen, die ganz kühl kalkulieren und überlegen, wie können wir stärker werden. Da stecken quasi Manager dahinter, die die ISIS groß machen, und dann gibt es die Wahnsinnigen, die mit dem Sprengstoffgürtel in Paris in ein Lokal reingehen. Mit den Hintermännern kann man verhandeln, mit dem Sprengstoffgürtel nicht, den muss man tatsächlich erschießen, sonst sprengt der andere in die Luft.

T.O.: Aber wie würden Sie mit den Hintermännern verhandeln, das sind doch ebenfalls Fanatiker?

M.S.: Nee, das sind kühl agierende Geschäftsmänner. Wären das Fanatiker, wären sie nicht so weit gekommen. Das ist ein ganz ausgeklügeltes System, die haben quasi einen Finanzminister, Außenminister, Innenminister. Das ist unheimlich professionell aufgebaut, die wären sonst nicht so erfolgreich.

T.O.: Sie glauben, da geht's ums Geschäft?

M.S.: Ja, klar.

T.O.: Was wollen die denn erreichen, die Weltherrschaft?

M.S.: Ja, zumindest einen Teil der Weltherrschaft. Das ist ein Geschäftsmodell, das da lautet: Macht ausüben über einen bestimmten Teil der Welt.

T.O.: Und weil es schlicht ums Geschäft geht, sagen Sie, kann man mit den Hintermännern verhandeln?

M.S.: Hundertprozentig.

T.O.: Jürgen Todenhöfer, der zehn Tage bei den IS-Terroristen war, sagt: Mit diesen Fanatikern kann man nicht verhandeln!

M.S.: Man muss eben unterscheiden. Mit Fanatikern, Ideologen kann man nie verhandeln, denen geht es nur darum, recht zu haben, aber mit den Hintermännern, die das Ganze aufbauen und vorantreiben, die diese Wahnsinnigen rekrutieren und ausbilden, mit denen kann man schon verhandeln.

T.O.: Was sind das Ihrer Meinung nach für Leute, diese Hintermänner?

M.S.: Ich komme ja nicht aus dem Bereich Terrorismusbekämpfung, sondern von der Drogenfahndung, und so wie ich das sehe, sind das Menschen, die sich dafür entschieden haben, auf dieser Seite der Gesellschaft ihren Erfolg zu suchen. Das sind oft Leute, die in jedem anderen Job auch erfolgreich wären, weil die einfach ein paar Grundmuster beherrschen – klare Zielsetzung, klare Vorgehensweise ...

T.O.: Skrupellosigkeit?

M.S.: Ja, aber in einem Luxushotel zu sitzen und einen Terroranschlag in Paris anzuordnen, das ist leichter, als in ein Lokal zu gehen und jemandem in die Augen zu schauen und zu schießen. Deshalb, derjenige, der ins Lokal geht, ist wirklich skrupellos. Aber derjenige, der den Anschlag anordnet, der ist ja relativ weit weg ...

T.O.: Aber ist der nicht sogar noch skrupelloser, das ist doch organisierte Kriminalität auf »höchstem Niveau«?

M.S.: Definitiv! Aber aus meiner Sicht müssen wir uns davon verabschieden zu glauben, dass das irgendwelche Wahnsinnigen sind. Da ist schon ein Plan dahinter, sonst wären die nicht so gut.

T.O.: Und Sie würden es sich wirklich zutrauen, mit diesen Leuten zu verhandeln?

M.S.: Ja, sofort. Wenn ich einen Auftrag hätte, würde ich heute noch hinfliegen, da hätte ich Spaß dran.

T.O.: Herr Schranner, vielen Dank für das Gespräch!

M.S.: So, und jetzt verhandeln wir über das Honorar für unser Interview (lacht).

Ich weiß nicht, wie es Ihnen geht, aber bei dem Interview mit Matthias Schranner habe ich mir immer wieder gedacht, wie einfach das Leben doch sein könnte, wenn man verhandeln könnte wie er. Da wir das alle aber (noch) nicht können, bleibt uns nichts anderes übrig, als diesen Umstand hinzunehmen und weiterhin schlaflose Nächte vor dem Jahresgespräch mit dem Chef zu haben oder das Verhandeln in jeder Lebenslage in Zukunft als Sport zu sehen und es wieder und wieder zu trainieren.

Die grundsätzliche Frage, die wir uns zu Beginn stellen sollten, lautet: Will ich lieber einen Konflikt mit mir selbst austragen oder mit einem anderen Menschen? Wir sind nun mal nicht auf der Welt, um jeden Konflikt zu vermeiden. Und wenn wir schon Zeit mit Konflikten verbringen müssen, sollten wir wenigstens versuchen, etwas daraus zu machen. Fangen wir doch im Kleinen an und trauen uns, dem Kollegen zu sagen, dass wir ihm sehr gerne das Kopierpapier mitbringen, wenn er uns im Gegenzug einen Kaffee holt. Wagen wir es, ab und zu auch mal Nein zu sagen – zur Freundin, zum Chef oder sogar zur Schwiegermutter. Machen wir uns klar, dass auch der Chef im Zweifelsfall aufgeregt in das Gespräch mit uns geht. Ganz abgesehen davon, dass es an uns liegt, ob wir unsere Nervosität als etwas Negatives oder etwas Anregendes empfinden. Dabei kann es durchaus hilfreich sein, wenn wir uns klarmachen, dass es in aller Regel nicht um unser Leben, nicht mal um unsere Existenz, sondern »nur« um Geld geht. Versuchen wir, uns ein wenig aus der Abhängigkeit zu befreien, denn nur aus dieser entsteht die Angst vor den Konsequenzen.

Natürlich sollte man gut vorbereitet in eine Verhandlung gehen, sich Argumente für die eigene Position überlegen und dem Chef deutlich zeigen, dass man bereit ist, mehr Verantwortung zu übernehmen. Ein ganz wichtiger Punkt ist, dass wir nie für die Vergangenheit, sondern stets für die Zukunft verhandeln. Natürlich darf man sich auf den alten Spruch besinnen: Tue Gutes und rede darüber! Aber unsere Großtaten der letzten Jahre sind für den Chef kein Argument für eine Gehaltserhöhung. Und mit Eigenlob sollte man ohnehin sehr sparsam umgehen. Protzereien wie »Ich bin der Beste für den Job« kommen sehr selten gut an. Interessant finde ich auch die These von Schranner, dass es in einer Verhandlung kontraproduktiv sein kann, wenn man sich zu sehr in den anderen hineinversetzt, da man Gefahr läuft, die eigenen Ziele aufzugeben. Vielleicht sollten wir Männer diese These bei Konflikten in der Beziehung noch mal überprüfen …

Für alltagstauglicher halte ich da schon den Spruch des Verhandlungsprofis: Put the fish on the table! Argumente auf den

Tisch und nicht lange um den heißen Brei herumreden. Und selbst wenn es bei manchem Streit noch so schwerfällt, sich dessen bewusst zu sein: Es gibt immer zwei Seiten einer Geschichte, also bemühen wir uns, das Problem aus unserer Sicht darzustellen und nie zu sagen: So ist es und nicht anders. Ich kann Ihnen versichern, es ist auch und gerade bei mir ein langer steiniger Weg, den es noch zu beschreiten gilt, der Weg zum wirklich guten Konfliktlöser und Verhandlungsführer. Aber als Teilzeitoptimist glaube ich in diesem Fall dem Experten Schranner, dass jeder Mensch lernen kann, zu verhandeln und Konflikte zu lösen, wenn er es nur ständig übt – also auch Sie und ich.

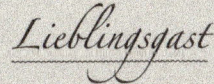

DER GOTTESKRIEGER

Ich heiße Irfan Peci und wollte für Gott in den Krieg ziehen. Damals dachte ich, bei religiösen Fanatikern könnte ich den Sinn des Lebens für mich entdecken. Als Flüchtlingskind war ich lange nur ein Außenseiter und geriet an falsche Freunde, was ich viel zu spät bemerkte. Schnell wurde ich zum deutschen Sprachrohr von Al-Qaida und fand Gefallen daran, Angst und Schrecken im Internet zu verbreiten. Erst im Gefängnis kamen mir langsam Zweifel und als V-Mann des Geheimdienstes wollte ich danach für die Guten arbeiten. Heute wünsche ich mir nur noch ein ruhiges, friedliches Leben und möchte anderen helfen, die Fehler zu vermeiden, die mich fast ins Verderben gestürzt hätten.

Irfan Peci spricht leise, sein Auftreten ist zurückhaltend lässig, der Bart gestutzt – der junge Mann mit den sanften dunklen Augen könnte auch Mitglied einer Hip-Hop-Band sein. Aber der Bosnier, der in Weiden in der Oberpfalz aufwuchs, war vor nicht allzu langer Zeit noch ein gesuchter Staatsfeind, im Auftrag von Al-Qaida veröffentlichte er Drohvideos und rief im Internet zum Heiligen Krieg gegen die »Ungläubigen« auf.

Es ist eine merkwürdige Vorstellung, dass dieser freundliche Mann mit dem weichen Händedruck bis vor ein paar Jahren ein gefährlicher Dschihadist war, der kurz davor stand, in ein pakistanisches Terrorcamp zu gehen. Zuerst sehr vorsichtig, dann immer offener erzählt er mir von einer muslimischen Mitschülerin in Weiden, die eines Tages mit Kopftuch erschien, was ihm imponierte. Wie er die Terroranschläge vom 11. September 2001 erlebte und danach davon überzeugt war, dass Muslime in der westlichen Welt unterdrückt würden, und er, beeinflusst von Propagandavideos im Netz, eine Radikalisierung durchlebte, bis er schließlich selbst zum Sprachrohr des Terrornetzwerks Al-Qaida in Deutschland wurde.

Angst und Schrecken in den Köpfen der Menschen in Deutschland zu verbreiten – das war sein Job, und mit zunehmender Dauer wuchs sein Glaube daran, dass dieser Weg der richtige sei. Irfan Peci, der bosnische Junge, der in der Oberpfälzer Kleinstadt nur ein Außenseiter gewesen war, wurde zu einem Mann, der Macht ausüben durfte. Manchmal habe er darüber geschmunzelt, dass er mit seinem Laptop zu einem gesuchten Terroristen geworden sei. Als er über die Faszination der Macht spricht, sieht er für einen Moment aus wie ein kleiner Junge, der von einem neuen Videospiel schwärmt. Aber hätten die Fahnder Irfan Peci nicht verhaftet, wäre er womöglich selbst zum Attentäter, zum Mörder geworden.

Und wie in einem spannenden Agententhriller nimmt auch Pecis Geschichte noch eine Wendung, denn im Gefängnis wechselt er auf Druck des BND die Seiten und spioniert danach für den Geheimdienst die gewaltbereiten Salafisten aus. Wie viele Attentate in Deutschland daraufhin schon verhindert werden konnten, weiß niemand, aber fest steht, ohne die Informationen des früheren Gotteskriegers und späteren V-Mannes Irfan Peci gäbe es einige gefährliche Fanatiker mehr in Deutschland. Ganz sicher bin ich mir während unseres Gesprächs allerdings nicht, ob da ein geläuterter Mann vor mir sitzt, der nur noch ein ruhiges Leben führen will. Denn seit sein Buch »Der Dschihadist« auf dem Markt ist, weiß jeder, wie Peci aussieht. Aber sein Blick flackert kein bisschen, als ich ihn frage, wie bedrohlich die Lage für ihn ist, seit er enttarnt ist. Natürlich gebe es unter den Fanatikern Leute, die ihm nichts Gutes wünschten, betont er mit ruhiger Stimme, aber Angst habe er keine wegen der Drohungen. Jeder von uns müsse irgendwann sterben.

Als wir uns nach einer Stunde verabschieden und darüber schmunzeln, dass wir beide aus Weiden in der Oberpfalz stammen, erwähnt er zum ersten Mal seine Freundin. Die wünsche sich nichts sehnlicher, als wegzuziehen und woanders ganz neu anzufangen – und früher oder später würden sie das auch tun.

DIE 10 BESTEN TIPPS FÜR DAS CHEF- ODER KONFLIKTGESPRÄCH

1. Bereiten Sie sich auf jedes Gespräch gut vor, überlegen Sie sich Ihre Argumentation und antizipieren Sie, wie Ihr Chef auf Ihre Forderungen reagieren wird.

2. Gehen Sie immer mit einer klaren Zielsetzung in das Gespräch und verhandeln Sie für die Zukunft.

3. Fragen Sie sich, was Sie für den Chef, die Firma tun können, aber zu viel Verständnis kann schaden, weil Sie Gefahr laufen, Ihr eigenes Ziel aufzugeben.

4. Versuchen Sie, locker zu bleiben, es geht meist »nur« um Geld.

5. Bleiben Sie in Verhandlungen immer fair, keine Tricks, aber Taktieren ist erlaubt.

6. Bereiten Sie sich vor, indem Sie mit Kollegen verhandeln, und lernen Sie, auch mal Nein zu sagen.

7. Für Humor ist bei schwierigen Verhandlungen kein Platz, weil die Reaktion nicht kalkulierbar ist.

8. Akzeptieren Sie, dass Konflikte zum Leben gehören und man sie nicht immer vermeiden kann.

9. Sprechen Sie Konflikte immer möglichst direkt an (Put the fish on the table).

10. Verzichten Sie auf Vorwürfe oder Schuldzuweisungen, sondern schildern Sie das Problem aus Ihrer persönlichen Sicht.

Vorsicht Falle!

Auf den vorherigen Seiten habe ich mich ausführlich damit beschäftigt, wie man ein Gespräch beginnt, am Laufen hält und zu einem guten Ende bringt. Zudem habe ich einen Blick auf verschiedene spezielle Gesprächssituationen geworfen (Small Talk, Flirt, Chef- und Konfliktgespräch). Bevor ich mich den höheren Weihen der Kommunikation widmen werde, möchte ich noch kurz zusammenfassen, welche grundsätzlichen Fehler wir unbedingt vermeiden sollten, da sie ein Gespräch schnell kaputtmachen können.

DIE 10 DINGE, DIE SIE IN EINEM GESPRÄCH (IN DER REGEL) VERMEIDEN SOLLTEN

1. Fragen, die man mit Ja oder Nein beantworten kann.
2. Einsilbige Antworten zu geben.
3. Monologe zu halten.
4. Mit Erfolgen anzugeben.
5. Über Abwesende zu lästern.
6. Politische Meinungen zu äußern.
7. Religiöse Ansichten zu verbreiten.
8. Gerüchte zu streuen.
9. Über Geld zu sprechen.
10. Ihre Beziehungsprobleme auszubreiten.

Wenn Sie diese zehn Punkte in einem Gespräch beherzigen, machen Sie in der Regel nichts falsch, sondern schon ziemlich viel richtig. Aber keine Regel ohne Ausnahme. Natürlich können Sie im Gespräch mit einer guten Freundin oder dem besten Kumpel auch mal über Ihren Partner jammern, denn dafür sind gerade die besten Freunde da, und eine momentane Einsilbigkeit sollte nicht dazu führen, dass Ihnen gleich die Freundschaft gekündigt wird. Und es versteht sich von selbst, dass Sie unbedingt eine politische Meinung äußern sollten, wenn Sie bei Günther Jauch als Talkgast eingeladen sind. Aber auch wenn Sie zu den wenigen Menschen gehören, denen es nicht schwerfällt, über die Höhe ihres Kontostandes zu sprechen oder ihre religiöse Überzeugung ganz offen zu äußern, empfehle ich Ihnen, sich in Gesprächen mit Fremden, Bekannten oder Kollegen nur sehr vorsichtig an diese Themen heranzutasten. Sonst laufen Sie Gefahr, Ihrem Gesprächspartner zu nahe zu treten oder ihn gar bloßzustellen. Und das wollen Sie doch sicher nicht, oder?

Zum Schluss dieses Kapitels möchte ich noch kurz einige Unsitten erwähnen, die in keiner Unterhaltung etwas verloren haben. Ich will gar nicht besonders moralisch erscheinen, aber wer Gerüchte streut, andere verleumdet oder Lügen verbreitet, der vergiftet schlicht nur die Atmosphäre und trägt niemals zum Gelingen eines Gesprächs bei.

DIE HÖHEREN WEIHEN

Schlagfertigkeit und Spontaneität: Wie Sie es schaffen, nie wieder um eine Antwort verlegen zu sein

Als der große britische Staatsmann Winston Churchill eine seiner brillanten Reden vor dem Parlament hielt, wagte eine Hinterbänklerin der Opposition folgenden Zwischenruf: »Wenn ich mit dem Mann verheiratet wäre, würde ich ihm Arsen in den Kaffee geben!« Darauf Churchill: »Und wenn ich mit der Dame verheiratet wäre, würde ich ihn trinken!«

Das ist Schlagfertigkeit im besten Sinne – sie entwaffnet auf humorvolle Weise und wirkt somit auf alle Beteiligten befreiend. Aber – und das beinhaltet schon der Name Schlagfertigkeit – die Fähigkeit zum blitzschnellen verbalen Konter ist auch eine Waffe und kann deshalb nicht nur zur eleganten Abwehr von Provokationen eingesetzt werden. Es gibt Menschen, die »das Schwert des Geistes« einsetzen, um anderen ihre Überlegenheit zu demonstrieren, sie gar zu demütigen. Das ist die dunkle Seite der Macht, und Menschen, die es nötig haben, andere verbal zu »vernichten«, empfinde ich als bedauernswert. Auf diese Weise sollte man seine Schlagfertigkeit niemals einsetzen. Schlagfertigkeit sollte stets Ausdruck einer humorvollen Haltung und Denkweise sein und das Schlagen darf dabei nie im Vordergrund stehen. Die Geschwindigkeit des Denkens ist dagegen gefragt, eine gewisse Übung darin, sich auszumalen und vorwegzunehmen, was man auf eine bestimmte Bemerkung antworten könnte. Eine Vorliebe für Wortspiele schadet sicher nicht, und auch die Gabe, dem anderen zuzuhören und sich in ihn hineinzufühlen, ist hilfreich.

Ich habe Ihnen bereits ganz am Anfang meines Buches erzählt, dass ich als Jugendlicher ungefähr so schlagfertig war wie … und dass erst die Routine von vielen, vielen Talksendungen mich heute in die Lage versetzt – und das ist keine Koketterie, sondern realistische Selbsteinschätzung –, halbwegs spontan auf verbale Angriffe zu reagieren. Zur Meisterschaft auf dem Gebiet der Schlagfertigkeit werde ich es in diesem Leben sehr wahrscheinlich nicht mehr bringen. Aber dieses Manko empfinde ich nicht als dramatisch. Solange ich es schaffe, ab und zu eine humorvolle Replik parat zu haben, peinliche Situationen in der Regel meistern zu können und nicht mehr wie früher hilfloses Opfer unfairer Angriffe zu werden, weil mir die passende Antwort einfach nie schnell genug einfiel, kann ich sehr gut mit meinem mittelmäßig ausgeprägten Talent zur Schlagfertigkeit leben. Denn, und das sollten wir uns bewusst machen: Spontaneität und Schlagfertigkeit können in bestimmten Situationen hilfreich sein, aber sie sind – auch wenn die meisten Menschen diese Eigenschaften gerne hätten – kein allgemeingültiges Erfolgsrezept und helfen uns nicht, mit anderen besser auszukommen. Trotzdem empfinde ich es immer wieder als Genuss, den besten auf diesem Gebiet zuzuhören, zuzuschauen, sie in ihrem Element zu erleben. Wer wie ich das Glück hatte, jemals einen Thomas Gottschalk im Gespräch in Topform zu erleben – vor Spontaneität nur so sprühend –, der spürt, warum echte Schlagfertigkeit eine so begehrte, weil selten anzutreffende Fähigkeit ist. Gottschalk ist wohl einer der ganz wenigen, die zu den Naturtalenten auf diesem Gebiet zählen.

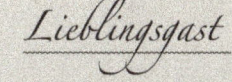

Lieblingsgast

OLIVER WELKE
(unter Mitwirkung von Bastian Pastewka)

Es ist schon vorgekommen, dass sowohl mein Studiogast als auch ich überrascht wurden. Unvergesslich etwa der von meiner Redaktion geplante Anruf von Bastian Pastewka in der Sendung mit dem Moderator der »heute Show«, Oliver Welke.

Dessen Vielseitigkeit scheint mir unerreicht: Oliver ist einer der ganz wenigen Fernsehmoderatoren, die Fußball genauso kompetent und glaubwürdig wie Show oder Satire verkaufen können. Zu seinen Gunsten spricht außerdem, dass er laut eigener Aussage mit einem Radiogesicht gesegnet ist, worunter er offensichtlich keineswegs leidet. Vielmehr nutzt er seine fernsehuntypische Physiognomie immer wieder für Scherze auf eigene Kosten. Es macht Spaß und ist zudem höchst selten auf diesem Jahrmarkt der Eitelkeiten, einen Menschen zu treffen, der so bodenständig und wenig eitel auftritt. Aber vielleicht sind gerade diese Eigenschaften, gepaart mit seiner Begabung, das Geheimnis seines Erfolgs.

In jener »Mensch, Otto!«-Show sprachen Welke und ich gerade über unsere Lieblingsfernsehserien, als Pastewka via Telefon plötzlich begann, von seinem Laptop Erkennungsmelodien alter Klassiker wie »Der Kommissar«, »Remington Steel« oder »Unsere kleine Farm« einzuspielen, und uns aufforderte, die Serientitel zu erraten. So entstand eine Quizrunde, die lustiger nicht hätte sein können.

Auch Jahre danach fragen mich Bayern-3-Hörer, ob wir diese Aktion abgesprochen hätten. Haben wir nicht! Einer meiner absoluten Lieblingsmomente in fünfzehn Jahren Show ist nur der Spontaneität und Kreativität des »film- und fernsehsüchtigen« Bastian Pastewka zu verdanken.

INTERVIEW MIT MICHAEL MITTERMEIER

Comedian **Michael Mittermeier** ist ebenfalls bekannt und von einigen sicher gefürchtet wegen seiner Spontaneität und Schnelligkeit auf der Bühne, und deshalb habe ich mit dem Großmeister der deutschen Stand-up-Comedy darüber gesprochen, ob man Schlagfertigkeit erlernen kann und ob zu viel Nachdenken vielleicht sogar schaden kann.

T.O.: Michl, schaltest du für unser Interview jetzt in einen speziellen Schlagfertigkeitsmodus?

M.M.: Nicht groß, ich versuche normal zu bleiben. Ich denke nicht nach, sage auch viele Dinge, die einfach spontan rauskommen.

T.O.: Zu viel Nachdenken schadet der Schlagfertigkeit?

M.M.: Definitiv! Das Schöne bei mir ist, dass ich mich nicht verstellen muss. Ich habe viele Fehler als Mensch, aber eins kann ich gut – ich kann mich in mein Unterbewusstsein versenken. Wenn ich auf die Bühne gehe, höre ich auf zu denken. Wenn einer etwas heraufruft, reagiere ich, und ich bin selbst oft überrascht, was dabei rauskommt. Das passiert bei mir automatisch, ich mache mir selbst meine eigene Spontaneität und Schlagfertigkeit, die im Moment entsteht.

T.O.: Viele Leute scheuen sich, spontan etwas zu sagen, weil sie Angst haben, wie das ankommen könnte, passiert dir das auch?

M.M.: So denke ich nicht, dann würde ich verspannt werden. Aber klar rede ich mit einem Kumpel etwas anders als mit jemandem, den ich nicht mag. Ich habe ein »Nichtbeleidigungskorrektiv« in mir, das privat natürlich anders eingestellt ist als in der Öffentlichkeit.

T.O.: Du hast bei der Verleihung der Goldenen Kamera eine viel beachtete Laudatio auf Dunja Hayali gehalten. Wie viel Platz für Spontaneität war da?

M.M.: Das war so ein Moment, in dem du die Sätze wie ein Bild an die Wand malen willst, und da muss alles stimmen. Wenn ich so hart bin in einer Nummer, will ich es wirklich genauso hart sagen, wie es ist, und dann muss der Text stimmen.

T.O.: Also vieles, was spontan rüberkommt, muss vorher gut ausgedacht sein?

M.M.: Natürlich, Stand-up-Comedy heißt nicht, dass ich nur improvisiere. Die Kunst ist, es so zu erzählen, dass die Leute glauben, es ist ihm gerade eingefallen. Die Leute sollen die Situation ja in diesem Moment miterleben. Es soll genau jetzt im Kopf passieren.

T.O.: Es war eine Laudatio, die sich mit sehr ernsten Themen beschäftigt hat – Fremdenfeindlichkeit und Rassismus –, trotzdem hast du die Leute zum Schmunzeln gebracht. Wie wichtig ist eine humorvolle Haltung zum Leben, um schlagfertig sein zu können?

M.M.: Ich finde das sehr wichtig, denn egal welcher politischen Richtung wir nahestehen, in der Gegenwart von Menschen ohne Humor fühlen wir uns immer unwohl. Wenn du dich in Situationen befindest, in denen kein Platz mehr für Humor ist, weißt du, da stimmt etwas nicht.

T.O.: Hilft dir deine Schlagfertigkeit, selbst solche Situationen aufzulockern?

M.M.: Das kann helfen, aber nicht immer, so mancher rechte Politiker versteht die Satire ja gar nicht. Als wir in Burma waren und von der Polizei verfolgt wurden, hat uns unser schwarzer Humor geholfen. Als ich unsere Dokumentation gesehen habe, habe ich mich selbst gewundert, dass wir da noch lachen konnten.

T.O.: *Aber Schlagfertigkeit und Humor können keine Konflikte lösen, oder?*

M.M.: Es kann schon helfen, aber im Endeffekt nicht den Konflikt lösen. Es kommt zudem auf die Situation an, da muss jeder auf seine Intuition, auf seinen Bauch hören. Ich bin auch kein zwanghafter Komiker. Wenn es am Tisch mal nicht lustig ist, kann ich das durchaus aushalten.

T.O.: *Hast du in solchen Situationen immer eine Pointe, einen Gag im Kopf?*

M.M.: Nein, das nicht, aber bei mir ist das so: Was ich nicht sagen will, kommt auch nicht raus, was oft eine Gratwanderung ist. Aber ich sage nie Dinge, nur damit die Menschen sagen: Schau mal an, wie hart der Mittermeier ist.

T.O.: *Was bedeutet Schlagfertigkeit für dich?*

M.M.: Ich glaube, sie ist mir als Comedian wichtiger als dem Menschen Michael Mittermeier. Als Mensch muss ich nicht schlagfertig sein, da bin ich, wie ich bin. Auf der Bühne ist es schon geil, denn jeden Abend entstehen spontane Pointen, die es so nie wieder geben wird, und das geht ohne Schlagfertigkeit nicht. Ich habe zwar feste Programme, aber da ist immer Raum für Spontaneität.

T.O.: Was braucht man, um so schlagfertig zu sein, wie du es bist?

M.M.: Da muss ich überlegen. Es steckt ja schon im Wort Schlag-Fertigkeit, das kann nicht erst nach einer halben Minute kommen, also Geschwindigkeit ist wichtig. Aber ich glaube, die Grundintuition kannst du nicht lernen, aber du kannst es trainieren, und es trainiert sich von selbst, wenn du dich immer wieder solchen Situationen aussetzt, in denen du spontan reagieren solltest, und mit der Zeit wirst du schneller und spontaner werden.

T.O.: Setzt du Schlagfertigkeit im richtigen Leben bewusst ein?

M.M.: Eigentlich nur im Job, also zum Beispiel bei Redakteuren und Journalisten. Ich weiß ja, wie Menschen in bestimmten Positionen ticken, was man ihnen geben kann, damit sie zufrieden sind. Das läuft ja wie mit Kindern, aber privat mache ich das nicht – ich bin ja kein Zwangshumorist und mache nie Dinge, die man von mir erwartet. Immer wenn ich etwas tun muss, mache ich es nicht, was meine Frau wahnsinnig macht.

T.O.: Kommt Schlagfertigkeit deiner Erfahrung nach bei Frauen grundsätzlich gut an?

M.M.: Ich war, wenn ich zurückdenke, als ich noch auf dem Markt war, also ... vergiss es ...

T.O.: Wie groß ist die Gefahr, dass Schlagfertigkeit bei manchen Menschen übertüncht, dass sie wenige oder keine Argumente haben?

M.M.: Gute Frage! Die Kombination wäre gut. Ich mag Politiker nicht, die nur schlagfertig sind, schau dir Donald Trump an, der auf seine Weise sehr schlagfertig ist.

T.O.: Wir lassen uns leicht von schlagfertigen Menschen beeindrucken?

M.M.: Nimm den Herrn von Guttenberg, den ehemaligen Verteidigungsminister, wenn der nicht so eloquent und schlagfertig gewesen wäre, wäre der für keine fünf Minuten erfolgreich als Politiker gewesen.

T.O.: Gibt es Grenzen der Schlagfertigkeit für dich? Dass man etwa andere nie damit überfahren darf?

M.M.: Das ist eine Sache der Grundeinstellung, ich trete grundsätzlich nur nach oben!

T.O.: Was rätst du Menschen, die sagen, mir fällt leider meistens zu spät der passende Satz ein?

M.M.: Einfach machen und nicht so viel nachdenken, keine Angst vor Fehlern. Ich glaube außerdem, dass man Schlagfertigkeit nicht von Empathie trennen kann. Ich muss mich in andere hineinversetzen, um entsprechend schnell reagieren zu können. Natürlich bereite ich auch für entsprechende Interviews zum neuen Programm ein paar Pointen vor, die ich dann im Gespräch bringe. Aber ich finde Interviews viel schöner, in denen der eine auf den anderen reagiert, weil da kann ich spontan sein und bin gefordert.

T.O.: War der kleine Michl vor dreißig, fünfunddreißig Jahren schon schlagfertig und spontan?

M.M.: Ich habe das mal verbale Inkontinenz genannt. Ich war zwar nicht der Klassenclown, weil ich nicht zwanghaft der Lustigste sein wollte. Aber wenn mir etwas in den Kopf kam, musste es raus aus meinen Mund, ohne Nachdenken vorher. Es war oft nicht gut, weil es entweder nicht lustig war oder der Lehrer war not amused. Der blöde Witz über Leibniz Butterkekse, weil es gerade um Leibniz ging, kam beim Mathelehrer nicht so gut an, aber der musste einfach raus. Das passiert einfach so, wenn sich bei mir zwei Synapsen verknüpfen, und ich mag das sehr. Der Comedian sieht in einer Situation eine Pointe, die einem normalen Menschen gar nicht auffallen würde. Beispiel: Zum Höhepunkt der Ukrainekrise war ich auf Ibiza, wo es viele reiche Russen gibt. Eines Abends kam ein dicker, reicher Russe in ein Restaurant, im Arm seine ebenso dicke Frau. Jeder, der die beiden gesehen hat, hat gesagt: Was für ein hässliches Pärchen. Mein erster Gedanke war: Scheiße, die Wirtschaftssanktionen zeigen Wirkung, weil jetzt muss der wieder mit seiner eigenen Frau rumfahren und kann sich die junge nicht mehr leisten.

T.O.: So funktioniert das Gehirn eines Comedians …

M.M.: Ja, aber ich muss heute nicht mehr alles aussprechen, was in meinem Kopf passiert.

T.O.: Mark Twain hat mal gesagt: Schlagfertigkeit ist etwas, worauf du erst vierundzwanzig Stunden später kommst. Das kennen die meisten Menschen, du auch, wann ist dir das das letzte Mal passiert?

M.M.: Das passiert mir oft, auch in Interviews, aber ich mache mir deswegen keinen Kopf. Das ist vom Gegenüber abhängig, wenn die Chemie stimmt, wenn das ein Schlagabtausch wird, wie bei uns, dann ist es leicht, schlagfertig zu sein. Aber es gibt eben auch andere Sendungen …

T.O.: Alleine schlagfertig zu sein ist schwer?

M.M.: Es ist schwerer als zu zweit. Aber es kommt darauf an. Mich hat mal eine Journalistin allen Ernstes gefragt: Was macht denn ein Komiker wie Sie an Ostern? Da habe ich geantwortet: Wir sind da ganz traditionell bayerisch unterwegs und pflegen ein altes Familienritual. Wir kreuzigen einen Hasen und bewerfen ihn dann mit bunten Eiern. Die saß da, hat das todernst aufgeschrieben. Natürlich entsteht mit jemand, der so gar keinen Humor hat, weniger, aber sie hatte ungewollt eine schöne Pointe.

T.O.: Du bist in New York aufgetreten in Comedy Clubs auf Englisch, wie wichtig ist die Muttersprache, um wirklich spontan und schlagfertig sein zu können?

M.M.: Sehr wichtig. Wenn ich auf Englisch so gut wäre wie auf Deutsch, wäre ich eine große Nummer in New York, weil von meinen Fähigkeiten als Comedian her kann ich mithalten mit allen, die dort auftreten. Aber natürlich kann ich auf Englisch nicht so schnell reagieren wie in meiner Muttersprache, zu improvisieren fällt schwerer.

T.O.: Michl, wer sind die drei schlagfertigsten Menschen, die du je getroffen hast?

M.M.: In Deutschland ist sicherlich Harald Schmidt der schlagfertigste Mensch, den ich kenne, »the fucking god of Schlagfertigkeit«, niemand ist so schnell wie Schmidt. Wenn er will, gibt es niemand, der ihm das Wasser reichen kann.

Auch Roger Willemsen war ein wunderbarer, schlagfertiger Gesprächspartner, ein Mann mit vielen Facetten. Mit Barbara Schöneberger und Anke Engelke sind wir bei den Frauen sehr weit vorne, beide großartig. Und international fällt mir noch Bob Geldof ein, der ist so schnell, so schlau und der weiß so viel, gegen den hast du keine Chance, egal ob als Journalist im Interview oder nachts um drei in der Kneipe.

T.O.: Wissen schadet nicht, um schnell reagieren zu können …

M.M.: Wissen und Empathie. Es gibt sicher Politiker, die viel wissen, aber denen fehlt oft die Empathie, weil die nicht mehr wissen, wie normale Menschen leben, sich nicht in andere hineinversetzen können. Ohne Wissen und Empathie kannst du nicht wirklich schlagfertig sein, weil du nur hohle Phrasen von dir gibst.

T.O.: Wo wärst du ohne deine Schlagfertigkeit?

M.M.: Schwer zu sagen. Menschlich wäre ich wahrscheinlich kein anderer.

T.O.: Weniger selbstbewusst?

M.M.: Glaube ich nicht. Thomas Hermanns hat mal über mich gesagt: Wenn der Mittermeier irgendwo in Usbekistan in der Taiga geboren worden wäre, er würde heute auch da stehen, wo er steht. Was durch will, will durch. Aber natürlich ist es leichter mit Schlagfertigkeit.

T.O.: Wird es sogar überbewertet, schlagfertig zu sein? Die meisten Menschen wären es ja gerne.

M.M.: Ja und nein. Viele Leute glauben, wenn sie immer schnell reagieren könnten, wären sie bessere Menschen oder alles würde besser laufen, und das stimmt ja so nicht. Es gibt

Menschen, die keineswegs schlagfertig und trotzdem glücklich sind. Wenn du es nur davon abhängig machst, hast du ein Problem im Leben.

T.O.: Also der Heilsbringer ist Schlagfertigkeit nicht?

M.M.: Nein, Schlagfertigkeit kann sogar hinderlich sein, wenn du immer zu schnell etwas Blödes oder Falsches sagst. Es gibt eine gute und eine schlechte Schlagfertigkeit. Die gute ist die, die immer verbunden ist mit deinem Gefühl, deiner Intuition, deiner Empathie, die es nicht zulässt, dass du Menschen beleidigst und das komplett Falsche sagst. Aber ein besserer Mensch wirst du dadurch nicht werden, auch wenn dir diese ganzen Glückstrainer das immer weismachen wollen. Das hat noch nie funktioniert, es ist immer der ganze Mensch, das Gesamtpaket.

T.O.: Michl, vielen Dank für das Gespräch!

M.M.: Hat Spaß gemacht, Thorsten!

Der für mich wichtigste und tröstlichste Gedanke von Michael Mittermeier in unserem Gespräch steckt in seiner Aussage, dass Schlagfertigkeit uns nicht automatisch zu besseren Menschen macht. Und ich bin überzeugt, wenn wir die ersehnte Fähigkeit nicht mehr als den ultimativen Heilsbringer unserer Kommunikation betrachten, sondern als eine Eigenschaft, die helfen kann, aber ohne die wir durchaus glücklich leben können, haben wir die notwendige Lockerheit, um »das Schwert des Geistes« entsprechend zu trainieren und einzusetzen. Die wenigsten von uns kommen schlagfertig zur Welt, und wenn sogar eine Koryphäe wie Mittermeier zugibt, dass es auch heute noch Momente gibt, in denen ihm der beste Spruch oder die passende Replik nicht sofort einfällt, dann beruhigt mich das, weil es lässt uns alle hoffen.

Denn wenn Schlagfertigkeit nicht angeboren ist, kann man sie erlernen. Wenig sinnvoll ist es, sich fertige Sprüche zu überlegen; das führt meist nur zu peinlichen, weil verkrampften Situationen mit dem Gegenüber. Vielmehr sollten wir beherzigen, was Mittermeier empfiehlt: normal bleiben, keine Angst haben, etwas Falsches zu sagen, und sich von sich selbst ruhig überraschen lassen. Und mit der Zeit, wenn Sie sich regelmäßig in Situationen bringen, in denen Sie gefordert sind, werden Sie auch an Sicherheit gewinnen und schneller reagieren können. Ich gehe davon aus, dass Sie drei andere Voraussetzungen für wahre Schlagfertigkeit besitzen, sonst hätten Sie sich mein Buch erst gar nicht gekauft: erstens eine humorvolle Haltung dem Leben gegenüber, zweitens das eingebaute »Nichtbeleidigungskorrektiv«, wie Mittermeier es nennt. Niemand sollte sein Gegenüber mit Worten niederschlagen oder persönlich demütigen. Und dieses Bestreben ist – damit sind wir bei drittens – untrennbar verbunden mit Empathie, also der Fähigkeit und Bereitschaft, sich in den anderen Menschen einzufühlen.

Nur so können Sie antizipieren, was Ihr Gegenüber als Nächstes sagen wird, und sich die passende Antwort schon mal im Kopf zurechtlegen. Nach meiner Überzeugung kommt der Empathie die zentrale Bedeutung in der menschlichen Kommunikation zu. Wer sich mehr mit sich selbst als mit den anderen beschäftigt, der dreht sich bald im Kreis und dem wird es unmöglich sein, im Gespräch stets die richtigen Worte zu finden. Auf die menschliche Empathie möchte ich im abschließenden Kapitel dieses Buches noch genauer eingehen.

Halten wir an dieser Stelle also fest: Sie sollten im Gespräch nicht zu viel nachdenken, möglichst keine Angst haben, etwas Falsches zu sagen, sich von sich selbst überraschen lassen, humorvoll sein, nie den anderen persönlich beleidigen wollen und dabei stets empathisch sein – das sind die Grundvoraussetzungen, die Sie brauchen, um in jeder Situation schlagfertig zu reagieren. Dazu sollte noch ein gewisser »Background« kommen, also zumindest ein gesundes Halbwissen. Sonst gibt selbst ein verbal sehr spontaner Mensch nur hohle Phrasen von sich, die allenfalls kurz beeindrucken, bevor sie sich als Luftblasen entpuppen. Und Sie wollen doch gewiss nicht als »Luftpump« gelten, wie Comedian Bülent Ceylan diesen Typ Flachschwätzer so treffend in seinem Mannheimer Dialekt bezeichnet.

Wenn Sie diese Aspekte berücksichtigen, gilt nur noch: Üben, üben und wieder üben! Und ich gehe jede Wette ein, dass Sie es nach weit weniger als den an anderer Stelle ins Spiel gebrachten zehntausend Stunden zu einer Schlagfertigkeit und Spontaneität im Gespräch mit dem Chef, den Freunden oder auch der Schwiegermutter gebracht haben, die der meinen zumindest gleichkommt.

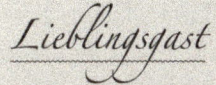

DIE KRANKENTRÖSTERIN

Ich heiße Gaby Sonnenberg und auch wenn es komisch klingt: Ich bin ein Glückskind! Um ein Haar wäre ich an Leukämie gestorben, aber ich habe nicht aufgehört zu kämpfen. Mit der Hilfe meiner Familie, meines Freundes Jürgen von der Lippe und meines Glaubens habe ich die Krankheit besiegt. Mein Motto: Ganz egal, was das Schicksal mir vor die Füße wirft, ich nehme es an und bewältige es. Heute bin ich dankbar für jeden Tag und möchte noch vielen Menschen ein »Krankentröster« sein. Und wenn ich diese Welt irgendwann einmal verlassen muss, möchte ich ganz viel Liebe hinterlassen.

Es gibt Menschen, die über die wertvolle Fähigkeit verfügen, dass sich andere in ihrer Gegenwart besser fühlen. Das stellt an sich schon eine erstaunliche und seltene Gabe dar, aber im Fall von Gaby Sonnenberg ist es im höchsten Maße beachtlich, dass sie über eine derart positive Ausstrahlung verfügt. Denn Gaby war schwer krank, hatte mehrfach Leukämie und wäre beinahe gestorben.

Vielleicht, wenn ich es recht bedenke, ist es aber auch umgekehrt und sie hat gerade deshalb überlebt, weil sie offenbar jeder noch so schwierigen und schier ausweglosen Situation etwas Positives abgewinnen kann und die Hoffnung niemals aufgibt. Ich gebe gerne zu, dass ich vor unserer ersten Begegnung eine gewisse Unsicherheit verspürte, ob es eine gute Idee gewesen war, sie einzuladen. Wollte ich wirklich eine Stunde über Krankheit, Schmerzen und Tränen sprechen, wollten wir unseren Hörern so viel Leid zumuten?

Ein strahlendes Lächeln und blitzende Augen waren das Erste, was ich von dieser Frau zu sehen bekam, die dem Tod mehrfach gerade noch von der Schippe gesprungen ist, die sich selbst aber als Glückskind bezeichnet. Innerhalb von Minuten nahm Gaby mir mit Leichtigkeit die Scheu und erwies sich als eloquente Gesprächspartnerin, die offen und, ja, humorvoll von den dunkelsten Phasen ihrer Krankheit berichtete. Damals glaubte sie, ihre Krebserkrankung überwunden zu haben, aber die Leukämie kehrte zurück. Das bedeutete wieder Krankenhaus, wieder Chemo, wieder diese verdammte Übelkeit, die Schmerzen und die Ungewissheit.

In dem Moment, als sie ganz unten angekommen war, hatte sie die vielleicht rettende Idee: Gaby lag mit schlimmen Kopfschmerzen und Verdacht auf Hirnblutung auf der Intensivstation, als sie beschloss, ihrem alten Mentor, dem Entertainer Jürgen von der Lippe, eine Mail zu schreiben, um sich für seine berufliche Unterstützung zu bedanken. Auch das ist bezeichnend für die Art, wie Gaby ihre Prioritäten im Leben setzt: Sie sieht dem Tod ins Auge, versinkt aber deswegen nicht im Jammertal, sondern denkt noch an einen Menschen, der ihr vor Jahren geholfen hat. Wie durch ein Wunder ging es ihr zusehends besser und es entstand ein reger Gedankenaustausch mit von der Lippe, der ihr jeden Tag Witze schickte, sie aufheiterte und ihren Lebensmut stärkte.

Aus diesem humorvollen Mailverkehr entstand schließlich die Idee, gemeinsam ein Buch zu schreiben, um Kranke und ihre Angehörigen zu trösten. Aber eben keines der üblichen Werke, die meist mit einer gewissen Schwere daherkommen, sondern etwas Positives, das in düsteren Stunden hilft, indem es schmunzeln lässt und aufheitert, der Krankentröster! Heute ist das Buch ein Bestseller, Gaby ist gesund, und ich werde den Moment nie vergessen, als ich im September 2014 in Hamburg beim Deutschen Radiopreis gemeinsam mit meiner Redakteurin Julia Liebing auf der Bühne stand und die Auszeichnung für das beste Interview des Jahres entgegennehmen durfte.

Ich habe mich an diesem Abend in meiner Rede bei vielen bedankt, aber der größte Dank gebührt Gaby Sonnenberg, der Frau, die es mir ermöglicht hat, ein Gespräch über eine lebensbedrohliche Krankheit zu führen, das voller Hoffnung, Humor und Lebensfreude war.

DIE 10 BESTEN TIPPS
ZU SCHLAGFERTIGKEIT
UND SPONTANEITÄT

1. Schlagfertigkeit kann jeder (bis zu einem gewissen Grad) lernen, es ist alles eine Frage der Einstellung und der Übung.

2. Gehen Sie locker ran, erwarten Sie nicht zu viel, denn Schlagfertigkeit kann helfen, ist aber kein Heilsbringer.

3. Haben Sie keine Angst, etwas Falsches zu sagen.

4. Bleiben Sie normal, lassen Sie sich von sich selbst überraschen.

5. Bloß keine fertigen Sprüche vorbereiten, das wirkt nur künstlich und verkrampft.

6. Aber Phantasie ist gefragt: Malen Sie sich im Kopf aus, wie Sie in bestimmten Situationen reagieren könnten.

7. Nehmen Sie sich nicht zu ernst, Schlagfertigkeit entspringt stets einer humorvollen Haltung.

8. Arbeiten Sie an Ihrem »Background«, ein gesundes Halbwissen ist wichtig, um nicht nur hohle Phrasen zu dreschen.

9. Niemals sollten Sie andere beleidigen oder demütigen wollen.

10. Und das Wichtigste: Hören Sie Ihrem Gesprächspartner zu und fühlen Sie sich in ihn hinein. Wahre Schlagfertigkeit entsteht nur durch Empathie!

Das (Kunst-)Handwerk der freien Rede: Wie Sie es schaffen, Ihre Scheu vor Publikum zu verlieren und Menschen zu begeistern

»Das Herz ist es, was beredt macht, und die Macht des Geistes«, hat der antike Rhetoriklehrer Quintilian seinen Schülern gepredigt und damit wunderbar auf den Punkt gebracht, worauf es bei einer Rede oder einem Vortrag ankommt: Substanz und Überzeugungskraft. Nur wer etwas zu sagen hat und damit seine Zuhörer berührt und somit emotional erreicht, kann mit seiner Rede etwas bewegen. Ansonsten sollten wir es mit Oscar Wilde halten: »Gesegnet seien jene, die nichts zu sagen haben und den Mund halten!« Ich bin überzeugt, dass Worte sogar die Welt verändern können, im Guten wie im Schlechten. Wir brauchen gar nicht bis zu den alten Römern oder Griechen zurückgehen, um große Redner zu finden. Es gab und gibt sie, wenn auch nicht häufig, sogar unter Politikern. Wer erinnert sich nicht an John F. Kennedys historische Worte »Ich bin ein Berliner«. Und als abschreckendes Beispiel haben wir die Hasstiraden des Nazi-Propagandaministers Joseph Goebbels in den Ohren.

Wir wollen uns an dieser Stelle aber nicht mit der großen Weltpolitik befassen, sondern darauf konzentrieren, wie Sie in Ihrem beruflichen und privaten Umfeld mit einer Rede überzeugen können. Und das ist schwer genug, denn die wenigsten haben in der Schule schon gelernt, frei zu sprechen. Dazu kommt, dass unsere eher nachdenkliche, bodenständige deutsche Mentalität geradezu hinderlich sein kann, wenn es darum geht, eine mitreißende Rede zu halten. Der nüchterne Vortrag, bei dem es um Fakten geht, fällt den meisten oft leichter. Gut vorbereitet, die Gliederung im Kopf, Stichworte auf dem Zettel notiert, kriegen wir die sachliche Präsentation vor den Mitarbeitern oder dem Chef schon hin – wenn es uns gelingt, unser Lampenfieber im Zaum zu halten.

Interessanterweise fürchten sich deshalb meiner Erfahrung nach viele mehr vor der »spontanen«, unterhaltsamen Laudatio auf einen Freund oder der Ansprache auf der Weihnachtsfeier des Fußballvereins. Wir machen uns zu viele Gedanken, haben Angst vor Fehlern, gar dem »Blackout«, unser Perfektionismus steht uns im Weg. Dabei ödet die Zuhörer nichts mehr an als eine fehlerfrei gehaltene Rede ohne Höhen und Tiefen. Das ist überhaupt die Grundregel jedes öffentlichen Vortrags: Du sollst nicht langweilen! Eine Rede muss zünden und mitreißen, und das kann sie nur, wenn wir uns trauen, wenn wir aus uns herausgehen, Emotionen zeigen, persönlich werden. Ich gebe zu, bei einer Präsentation der Zahlen des letzten Quartals kann solches Verhalten fehl am Platze sein.

Auch ich habe jahrelang Moderationsangebote abgelehnt, bei denen ich eine Rede halten sollte. Meine Furcht, ich würde alles vergessen, was ich mir überlegt hatte, mir würde die Sprache wegbleiben und ich müsste womöglich mit rotem Kopf die Bühne verlassen, war zu groß. Rein rational betrachtet, war das natürlich unbegründet, denn schon damals war ich rhetorisch halbwegs bewandert und wäre durchaus in der Lage gewesen, mit einem »Blackout« umzugehen. Aber je häufiger ich absagte, desto übermächtiger wurde die Versagensangst. Besiegt habe ich sie vor vielen Jahren durch einen glücklichen Zufall.

Ich war bei einer Preisverleihung als Zuschauer anwesend, und einer der Laudatoren fiel aus, weil ihm schlecht wurde. Der Veranstalter kannte mich, fragte mich, ob ich einspringen könnte, und irgendetwas in mir sagte: Mach es! Kurz bevor ich auf die Bühne ging, um eine Kollegin zu ehren, schoss es mir durch den Kopf: Wenn du das versaust, dann … Ja, was dann?, dachte ich, und so schlimm erschien mir die Vorstellung auf einmal gar nicht mehr, da oben zu stehen und zu stocken oder gar den Text zu vergessen.

Gut, in dieser speziellen Situation hatte ich gar keinen Text vorbereitet, sondern mir nur kurz ein paar Stichworte überlegt, aber auf einmal löste der Gedanke ans Versagen keine Panik mehr in mir aus. Was wäre das Schlimmste, was passieren könnte? Wenn mir die Sprache, was ja überdies unwahrscheinlich war, tatsächlich wegbleiben sollte? Erstaunen im Publikum? Ein paar Lacher? Mitleid? Mehr sicher nicht und das würde ich wohl überleben. Meine erste Laudatio war in Ordnung, mehr nicht, aber von diesem Zeitpunkt an habe ich keine Gelegenheit ausgelassen, eine Rede zu halten, frei zu sprechen – und damit sind wir beim einzigen Geheimnis, das einen guten Redner oder eine Rednerin ausmacht: Er oder sie hat geübt, geübt und noch mal geübt! Wenn Sie in der Lage sind, drei Sätze ohne Fehler, frei und zusammenhängend vor dem Spiegel zu sprechen, werden Sie es ebenfalls lernen können, eine Rede vor Publikum zu halten, aber Sie müssen sich dafür Ihrer Angst stellen. Und irgendwann werden Sie anfangen, es zu genießen und eine Rede als das zu sehen, was sie ist: eine Möglichkeit, Menschen zu erreichen und zu bewegen, und vor allem ein Spaß für den Redner – spätestens wenn er den Applaus genießt.

Einer, dem es wie kaum einem Zweiten gelingt, Menschen zu begeistern – und das ist erstaunlich, denn politisch sind viele keineswegs seiner Meinung –, ist Dr. Gregor Gysi. Der ehemalige Vorsitzende der Linken ist berühmt für seine pointierten, unterhaltsamen und vor allem verständlichen Reden. Mehrfach wurde er zum besten Redner im Bundestag gekürt und auch seine politischen Gegner lieben seine Schlagfertigkeit und seinen Witz.

INTERVIEW MIT GREGOR GYSI

Mit **Gregor Gysi** habe ich darüber gesprochen, was einen guten Redner ausmacht, ob Worte tatsächlich die Welt verändern können und warum er heitere Selbstgespräche über alle Maßen schätzt.

T.O.: Herr Dr. Gysi, wann haben Sie zuletzt einem anderen Redner begeistert applaudiert?

G.G.: Da muss ich lange nachdenken … Auf jeden Fall habe ich mal im Fernsehen eine Rede von Papst Franziskus gehört, bei der ich applaudiert habe, was ich sonst nie mache vor dem Fernsehgerät.

T.O.: Ist ein guter Redner ein Künstler?

G.G.: Nein, das halte ich für übertrieben, ich würde es eher mit einem Handwerk vergleichen.

T.O.: Eine Wissenschaft?

G.G.: Zumindest beschäftigen sich Wissenschaftlerinnen und Wissenschaftler mit der freien Rede. Aber ich habe mal eine Magisterarbeit über meine Rhetorik gelesen, und da habe ich bei Seite 7 aufgehört, weil er anfing, die Adjektive und Verben zu zählen, und da wusste ich, da geht es mir wie dem Tausendfüßler, der gefragt wird, wie er das macht mit seinen vielen Füßen – und dann kann er auf einmal nicht mehr laufen, weil er darüber nachdenkt. Da habe ich mir gesagt, nee, du redest einfach so weiter, versuche jetzt nicht, theoretisches Wissen darüber zu erwerben.

T.O.: Passiert das bei Ihnen alles instinktiv, intuitiv?

G.G.: Nicht alles. Das Erste, was ich als Rechtsanwalt gelernt habe, ist zu übersetzen, also komplizierte juristische Sachverhalte so zu erklären, dass jede Mandantin und jeder Mandant versteht, worum es geht. Das war auch immer mein Bestreben in der Politik, weil ich sage, wenn ich eine Minute in der Tagesschau bin und eine Kassiererin hört zufällig zu und sie versteht nicht, was ich meine, dann ist die Minute verschenkt. Darauf achte ich bewusst. Dazu kommt, ich bin gerne ironisch und auch selbstironisch. Das hingegen passiert wirklich unbewusst. Ein Journalist hat mal zu mir gesagt, Sie können ironisch sein und jeder weiß, dass das Gegenteil gemeint ist. Und ich habe entgegnet: Wann war ich denn heute ironisch? Da nannte er mir das Beispiel, und ich habe ihm gesagt, dass ich mir das nicht überlegt hatte, das kommt so aus mir heraus, und dann sieht man an meinen Augen, an meiner Kopf- und Körperhaltung sofort, dass ich das Gegenteil meine.

T.O.: Sie sind mehrfach zum besten Redner im Bundestag gewählt worden, was bedeutet Ihnen das?

G.G.: Alles ist relativ (lacht).

T.O.: Aber es freut Sie?

G.G.: Klar freut es mich, weil es zwar eine Wertschätzung der Form und nicht des Inhalts ist, aber wenn man zu einer Wertschätzung des Inhalts kommen will, muss zunächst eine Wertschätzung der Form da sein.

T.O.: Also verdientermaßen?

G.G.: Das will ich gar nicht beurteilen, das sollen andere tun, Sie zum Beispiel (lacht).

T.O.: Deswegen habe ich Sie ja angefragt und nicht Seehofer, Gabriel oder Merkel.

G.G.: (lacht)

T.O.: Bundestagspräsident Lammert von der CDU, auch kein schlechter Redner, aber eben nicht Ihr Parteifreund, lobt Ihre Freude an zugespitzten Argumenten, Temperament und Schlagfertigkeit. Was gefällt Ihnen daran am besten?

G.G.: Die Schlagfertigkeit, aber wenn man älter wird, lässt die ein bisschen nach.

T.O.: Ist das so bei Ihnen?

G.G.: Ich habe natürlich die Erlebnisse wie alle anderen auch, dass mir nach einem Prozess einfällt, dass ich dieses und jenes Argument noch hätte bringen müssen. Da ärgert man sich übrigens schwarz, dass einem das nicht vorher eingefallen ist, aber manchmal fällt mir in der Situation sofort etwas ein. Ich halte viel von Leuten, denen schnell etwas einfällt. Zum Beispiel Harald Schmidt ist ungeheuer schlagfertig und Erwin Pelzig auch. Das sind Leute, die sehr schnell denken und reagieren können, und das erkenne ich an.

T.O.: Ist Rhetorik auch eine Frage des Temperaments?

G.G.: Das ist richtig. Außerdem bin ich von meinem Vater geschult worden, der war ein hervorragender Rhetoriker. Und wenn ich als Kind etwas sagen wollte, musste ich mir etwas einfallen lassen.

T.O.: Wenn Sie ein besonderes Talent an sich loben müssten, das Sie als Redner besonders auszeichnet, welches wäre das?

G.G.: Ich glaube tatsächlich, mein Wille, bei einer Kundgebung keine Rede zu halten, sondern ein Gespräch zu führen, und mein Wille zur Übersetzung, also Kompliziertes für jeden verständlich zu machen. Wissen Sie, das Problem ist ja bei manchen Leuten, dass sie Angst haben, verständlich zu sprechen, wegen der Sorge, als nicht ausreichend intellektuell oder nicht genug wissenschaftlich zu gelten, und diese Sorge habe ich überhaupt nicht. In Wirklichkeit ist das natürlich auch eine Form von Arroganz, wenn man diese Sorge nicht hat (lacht). Das weiß ich schon, aber ich glaube, dass das meine Stärke ausmacht. Ich kenne Juristen, die immer denken, wenn sie sich vereinfacht ausdrücken, ist das eher blamabel, und das macht mir gar nichts aus. Ich übersetze das gerne und versuche immer, Worte zu finden, dass alle verstehen, was ich eigentlich meine.

T.O.: Der große englische Staatsmann Churchill hat mal gesagt: Eine gute Rede soll das Thema erschöpfen, nicht die Zuhörer. Wie wichtig ist es, dass der Redner den Zuhörer gleich am Anfang fesselt?

G.G.:Wichtig. Man muss immer versuchen, einen Beginn zu finden, der heiter ist, sodass die Aufmerksamkeit größer wird. Und dann hat mal jemand über mich geschrieben, mir hört man deshalb bis zum Ende der Rede zu, weil man den Eindruck hat, dass man mit mir im Gespräch sei, und ein Gespräch verlässt man nicht einfach so.

T.O.: Welche Rolle spielt die oft zitierte Authentizität, die Ehrlichkeit, Offenheit eines Redners?

G.G.: Da ich es mir nicht überlege, muss es authentisch sein, was ich sage. Allerdings ist es natürlich eine schöne Form des Gesprächs, weil ich stelle die Fragen und gebe auch selbst die Antworten (lacht).

T.O.: Selbstgespräche machen manchmal am meisten Spaß …

G.G.: Richtig!

T.O.: Welche Bedeutung kommt der Körpersprache bei Ihnen zu, der Mimik, der Gestik?

G.G.: Ich achte eigentlich wenig darauf. Ich ärgere mich, wenn ich auf den Zettel schauen muss, ich gucke lieber zu den Leuten, und dann schaue ich im Bundestag immer zu meinen Gegnern und nicht zu den eigenen Leuten. Viele warten auf den Beifall aus den eigenen Reihen, und ich warte auf den Widerspruch aus den anderen Parteien, weil dieser Widerspruch führt bei mir zu einem Adrenalinstoß, sodass ich dann besser werde. Da war früher meine Lieblingsblickrichtung die FDP, aber die ist mir abhandengekommen, deswegen nehme ich jetzt die Union.

T.O.: Hoffentlich müssen Sie demnächst nicht zur AfD gucken?

G.G.: Das will auch ich hoffen!

T.O.: Wenn Sie sich alte Reden von sich von vor zwanzig, dreißig Jahren anschauen oder anhören, was fällt Ihnen auf?

G.G.: Komisch! Mir ist die Stimme fremd und überhaupt vieles an mir. Ich schaue mich auch nicht gerne im Fernsehen an. Wenn es geht, vermeide ich das, weil wenn ich mal gucke, denke ich nur: Wieso machst du den Mund so schief, warum machst du gerade das und sagst nicht jenes. Also, ich maule dann nur mit mir herum, und deswegen habe ich irgendwann gesagt, du musst dir das ja nicht noch mal anschauen, und daran halte ich mich fast immer.

T.O.: War diese Freude am gesprochenen Wort bei Ihnen schon immer so ausgeprägt?

G.G.: Die war schon immer da. Wenn man klein ist wie ich oder besser gesagt kurz, hat man ja nur eine Chance, wenn man eine große Klappe hat. Wenn man keine große Klappe hat, wird man nicht gesehen und nicht gehört. Also ist quatschen auch ein Abwehrmittel. Kurz zu sein hat übrigens noch einen großen Vorteil. Beim Sport gab es früher diese wunderbare Riege von groß nach klein, und wenn ich dran war, war der Lehrer meist schon nicht mehr konzentriert und ich konnte machen, was ich wollte. Wenn ich der Längste gewesen wäre, hätte er sich jede Bewegung angesehen, das habe ich genossen.

T.O.: Haben Sie die Mädchen früher auch mittels ihrer rhetorischen Fähigkeiten rumgekriegt?

G.G.: Das können Sie vergessen, dass ich Ihnen dazu etwas sage!

T.O.: Aber das ist doch alles verjährt ...

G.G.: Na, Sprache war bei mir immer wichtig, aber als junger Mensch ist das ja auch eine Frage des Trauens, da kommt vieles zusammen.

T.O.: Wann haben Sie verstanden, dass die Fähigkeit, gut reden zu können, auch über Erfolg oder Misserfolg im Beruf entscheiden kann?

G.G.: Erst als Anwalt. Weil ich als Anwalt in der DDR gemerkt habe, dass ich dreimal so gut sein muss wie der Staatsanwalt, wenn ich überhaupt etwas für meinen Mandanten erreichen will. Ich bin erst mal sehr harmoniebedürftig, warte auf Zustimmung durch das Gericht, bis ich merke, ich habe keine Chance. Dann kann ich zickig werden. Zum Beispiel habe ich mal zu einer Richterin gesagt: Ich müsste Ihnen die Putativnotwehr erklären, aber das hat keinen Sinn, das mache ich erst in der Berufung.

T.O.: Das kam sicher gut an ...

G.G.: Die war so wütend, so wütend! Aber das war nur, weil ich so wütend war, und das ist eine Ausnahme, aber die gibt es auch bei mir.

T.O.: Was kann denn eine gute Rede im besten Fall beim Zuhörer bewirken?

G.G.: Dass er zuhört, dass er Interesse entwickelt. Das Beste ist, dass du ein oder zwei Argumente findest, die er so noch nicht gehört hat und über die er nachdenkt und wegen denen er vielleicht sogar seine Einstellung korrigiert. Mehr ist nicht zu erreichen.

T.O.: Nein? Es gibt Menschen, die behaupten, eine gute Rede könne die Welt verändern. Und zumindest gibt es Reden, die lange in Erinnerung bleiben, wie die Reden von Martin Luther King oder Gandhi ...

G.G.: Wenn eine bedeutende Person eine bedeutende Idee hat und zum absolut richtigen Zeitpunkt etwas sagt, was sich verbreitet und die Welt erschüttert oder mitnimmt, dann kann das so sein. Denken Sie nur an den Satz von Gorbatschow: Wer zu spät kommt, den bestraft das Leben! Was ist das für ein gigantischer Satz und welche Rolle hat der gespielt! Oder auch Martin Luther Kings »I have a dream«, das war natürlich eine phantastische Rede, dann wird die millionenfach gehört und so viele Schwarze fühlen sich davon bestätigt und viele Weiße sehen es genauso. Das sind wirklich große Momente. Auch Kennedy mit seinem »Ich bin ein Berliner«. Das sind Sätze, die vergisst man nicht, an die erinnert man sich noch Jahrzehnte danach. Aber so etwas habe ich nicht zu bieten.

T.O.: Viele Menschen habe Angst davor, wenn sie eine Rede halten müssen, was ist Ihr bester Tipp gegen diese Nervosität?

G.G.: Ein bisschen Angst muss sein, sonst ist man nicht wirklich gut, auch ich habe immer ein bisschen Angst. Das Wichtigste ist, dass man sich in der ersten Minute der Rede überwindet, und natürlich braucht man ein wenig Training, um das Selbstvertrauen zu stärken, dann kriegt man das hin.

T.O.: Herr Dr. Gysi, vielen Dank für das Gespräch!

G.G.: Bitte, gern geschehen, Herr Otto!

Wenn einer der besten Redner dieses Landes sagt, dass Reden keine Kunst, sondern ein Handwerk ist, könnten wir das als Koketterie abtun, aber es kann Sie und mich auch anspornen. Ein Handwerk kann man erlernen, selbst wenn man es vielleicht nicht zur Meisterschaft bringt, aber muss jeder gleich ein Meister werden? Würde ich beispielsweise versuchen, Schreiner zu werden, könnte ich mit meinen beiden linken Händen niemals einen Stuhl fertigen, der einen Preis für Design gewinnt. Aber ich bin sicher, irgendwann könnten Sie auf etwas sitzen, was ich gebaut habe und was die Bezeichnung Stuhl verdient. Der entscheidende Gedanke, der in Gysis Aussage steckt, ist doch, dass wir die freie Rede nicht glorifizieren sollten. Denn wenn wir darin eine Kunst sehen, schreckt uns das nur ab, weil die allermeisten von uns sich nicht für Künstler halten. Daraus folgte aber, dass wir es niemals schaffen könnten, eine halbwegs akzeptable Rede zu halten. Mit einem Meister dieses Handwerks müssen wir uns nicht vergleichen, aber wir dürfen darüber schmunzeln, dass auch Gysi – bis heute – offenbar mit Lampenfieber zu kämpfen hat. Wenn sich der beste Redner im Bundestag vor jedem Auftritt überwinden muss, sollten wir alle uns ein wenig Angst vor einer Rede oder einem Vortrag zugestehen. Den meisten von Lampenfieber geplagten Menschen hilft es, vor Publikum auszusprechen, dass sie nervös sind. Indem wir uns dieser Furcht zu versagen stellen und sie kommunizieren, wird sie von Mal zu Mal kleiner und uns bald nicht mehr den Hals zuschnüren. »Face your fear« ist das Gebot der Stunde, wenn Sie ein guter Redner werden wollen. Denn ohne einen gewissen Drang, sich mit einem Vortrag zu exponieren, und die Begeisterung für Rhetorik brauchen Sie sich die ganze Mühe gar nicht erst machen. Sehr wohl aber dann, wenn Sie wirklich davon träumen, auf einer Bühne zu stehen, Menschen in Ihren Bann zu ziehen und am Ende den verdienten Applaus zu genießen.

Mark Twain soll gesagt haben, dass er für eine gute, spontane Rede ein paar Tage Vorbereitung brauche, einen langweiligen Vortrag könne er dagegen aus dem Stegreif halten. Auch Gregor Gysi ist bei seinen Auftritten stets gut vorbereitet, die Kunst liegt darin, seine Einfälle spontan wirken zu lassen. Ich habe einige der Ratschläge von Gysi selbst getestet und sie haben sich als sehr hilfreich erwiesen. Ein heiterer Einstieg bringt Ihnen nicht nur Sympathie, sondern erhöht tatsächlich die Aufmerksamkeit beim Publikum. Dabei spielt es keine Rolle, ob Sie vor vielen oder wenigen Zuhörern sprechen, ob

Sie privat oder beruflich vortragen. Menschen, die Sie einmal zum Schmunzeln oder gar zum Lachen gebracht haben, werden auch im weiteren Verlauf nicht nur konzentrierter sein, sondern Ihrer Rede auch wohlwollender lauschen. Wir sollten sogar noch einen Schritt zurückgehen und uns Gysis Mantra zu eigen machen: Verständlichkeit! Jeder interessierte Zuhörer sollte stets begreifen können, worüber Sie sprechen. Und das ist es doch, was Sie wollen? Ein gewisser intellektueller Dünkel ist bei Rednern ebenso häufig zu beobachten, wie er fehl am Platz ist.

Vor Kurzem hatte ich das Vergnügen, eine Podiumsdiskussion von Juristen zu moderieren. Hätte ich nicht selbst vor langer Zeit Rechtswissenschaften studiert und noch rudimentäre juristische Kenntnisse, hätte ich bei manchen Vorträgen wenig bis gar nichts verstanden. Ich bin sicher, mit etwas gutem Willen könnten die meisten komplizierten juristischen Sachverhalte für uns alle überwiegend verständlich dargestellt werden. Die Frage ist nur, ob die Juristen ein Interesse daran hätten? Nun bin ich als Moderator durchaus befangen, denn wir werden vom ersten Berufstag an darin geschult, uns möglichst verständlich auszudrücken, was mal besser, mal schlechter gelingt. Aber die Befriedigung, die daraus entsteht, dass man nur von einem kleinen, elitären Kreis von Zuhörern verstanden wird, hat sich mir noch nie erschlossen.

Dabei gibt es auch unter Journalisten und Moderatoren Exemplare der Spezies »Mein einziges Interesse ist es, euch zu zeigen, wie schlau ich bin«. Diese Art Redner erkennen Sie meist daran, dass sie humorlos und vor allem völlig frei von Selbstironie sind. In einer Rede ironisch zu sein, empfehle ich übrigens nur in sehr sparsamer Dosierung. Oft vermittelt sich nämlich dieser spezielle Humor nicht so, wie es sich der Vortragende gedacht hat, und man blickt in verständnislos leere Gesichter. Hier halte ich es ebenfalls mit Gysi, dessen ironische Art sich nicht nur über seine Sprache und den Ton, sondern auch über seine Mimik und Gestik vermittelt. Wer nicht über dessen Fähigkeit zum Grimassieren verfügt, sollte sehr vorsichtig mit ironischen Bemerkungen sein. Spannend und sehr hilfreich finde ich Gysis Einstellung, jede Rede als ein Gespräch mit dem Publikum oder wenigstens mit sich selbst zu betrachten.

Die Offenheit und die Bereitschaft, spontan auf Zwischenrufe und Einwürfe zu reagieren, fordert den Vortragenden heraus, macht eine Rede aber lebendiger und für die Zuhörer interessanter. Nicht jeder von uns ist mit dem Selbstvertrauen eines Gregor Gysi ausgestattet, der bei seinen Reden im Bundestag stets zu seinen Gegnern blickt, weil er seinen Kick eher aus dem Widerspruch bezieht als aus dem Applaus seiner Parteifreunde. Aber was wir uns davon abschauen können, ist eine gewisse Leichtigkeit, eine entspannte Herangehensweise an eine Rede oder einen Vortrag, dieses Gefühl von »Was soll schon passieren?«. Vielleicht gelingt es ja gerade Ihnen, demnächst in der Firma, auf dem Geburtstag Ihres besten Freundes oder zu Hause vor Ihren Kindern eine Rede zu halten, die die Welt positiv verändert, und wenn es nur die eigene kleine Welt ist.

DIE 10 BESTEN TIPPS ZU FREIER REDE

1. Je besser Sie vorbereitet sind, desto freier und »spontaner« können Sie sprechen.

2. Lesen Sie niemals ganze Reden vom Blatt ab, arbeiten Sie mit Stichworten.

3. Wenn möglich, wählen Sie einen heiteren Einstieg, das sichert Ihnen Sympathie, Aufmerksamkeit und Nachsicht, falls Ihnen ein Fehler unterläuft.

4. Eine Rede braucht Substanz und Inhalt, aber genauso wichtig ist Ihr Auftritt (Blickkontakt, positive Körpersprache, feste Stimme).

5. Verständlichkeit hat oberste Priorität, es geht nicht darum zu zeigen, wie schlau Sie sind.

6. Setzen Sie Ironie nur sehr sparsam ein und unterstützen Sie das Gesagte mit Ihrer Mimik.

7. Betrachten Sie Ihre Rede als Gespräch mit dem Publikum, dann sind Sie nicht so einsam.

8. Keine Angst vor Lampenfieber (Face your fear), es wird mit der Zeit weniger (Was soll schon passieren?).

9. Wenn nicht, sprechen Sie Ihre Angst vor dem Publikum an.

10. Üben, üben, üben! Einen guten Redner machen 10 Prozent Talent und 90 Prozent Arbeit aus.

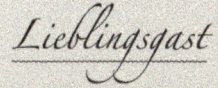

DIE LÖWENMUTTER

Ich heiße Simone Guido und habe das Herz und den Kampfgeist einer Löwin. Gemeinsam mit meinem Mann widme ich all meine Kraft unseren Kindern. Meine beiden leiblichen Söhne sind inzwischen groß und selbständig, aber unsere drei Pflegekinder werden wohl immer auf unsere Hilfe angewiesen sein. Es ist eine Lebensaufgabe, aber wir haben so viel Glück durch sie erlebt, dass ich keinen Moment missen möchte. Sie haben mich gelehrt, dass es die kleinen Dinge sind, über die man sich freuen sollte. Und das Wichtigste: Unsere »Problemfälle« haben es geschafft, unsere Familie noch enger zusammenzuschweißen

Unter den weit über tausendfünfhundert Gästen in unserer kleinen Sendung waren viele besondere Menschen, die uns beeindruckende Lebensgeschichten erzählt haben. Trotzdem gibt es eine, die mich aus unterschiedlichen Gründen noch mehr bewegt hat als andere und bis heute immer wieder beschäftigt. Es ist die Geschichte des Jungen, den es nicht geben dürfte, die Geschichte von Tim und seinen Pflegeeltern, den Guidos. Es ist, ja, so kann man es getrost nennen, die Geschichte eines Wunders. Denn Tims Geburtstag sollte eigentlich auch sein Todestag sein. Vor Kurzem ist er aber achtzehn Jahre alt geworden und führt ein glückliches Leben bei seinen Pflegeeltern.

Dass Tim lebt, grenzt an ein Wunder: Er hat seine eigene Abtreibung überlebt. Seine leibliche Mutter ließ ihn in der fünfundzwanzigsten Schwangerschaftswoche abtreiben, weil bei Tim das Down-Syndrom diagnostiziert wurde. Damals war es nicht selten, dass Kinder diesen Eingriff einige Minuten überlebten, bevor sie starben. Aber Tim wollte leben, quälende neun Stunden lag er unversorgt in Tücher gewickelt und kämpfte, bevor ein Arzt und ein Pfleger sein Leiden nicht mehr ertragen konnten und ihn retteten. Monate später nahmen ihn die Guidos bei sich auf, obwohl die Ärzte prognostiziert hatten, dass Tim vermutlich nicht einmal seinen ersten Geburtstag erleben würde. Tim hatte bei der Geburt und wohl vor allem in den Stunden danach einen Gehirnschaden erlitten, der eine bessere Prognose offenbar nicht zuließ.

Mehr als siebzehn Jahre später sitzt Tims Pflegemutter Simone Guido bei mir im Studio und sagt etwas, was mich zutiefst berührt: »Wir haben uns damals auf der Intensivstation in seine blauen Augen verliebt, unsere Entscheidung stand sofort fest: Wir nehmen ihn auf, und wir haben es nie bereut, trotz aller Probleme, er hat unser Leben bereichert. Das Leben mit Tim ist ein tolles!« Und dabei leuchten ihre Augen. Ich bewundere diese Frau mit dem großen Herzen, und ich bin mir sicher, die allermeisten von uns hätten sich nicht dazu entschließen können, Tim in der eigenen Familie aufzunehmen.

Die wunderbare Geschichte des kleinen Kämpfers Tim und seiner mutigen Pflegeeltern ist aber an dieser Stelle noch nicht zu Ende, denn die Guidos haben noch zwei Mädchen mit Down-Syndrom zu sich geholt, damit Tim nicht alleine ist. Bemerkenswert ist das auch vor dem Hintergrund, dass bei uns in Deutschland immer noch die Mehrzahl der Kinder mit Down-Syndrom abgetrieben wird. Übrigens, die beiden leiblichen Söhne der Guidos, die in anderen Städten leben und studieren, besuchen ihre jüngeren »Geschwister« bis heute regelmäßig zu Hause.

EPILOG

Ich bin überzeugt, dass es eine Qualität gibt, die für die Kommunikation unter Menschen noch essenzieller ist als die Sprache. Um das zu illustrieren, möchte ich Ihnen eine kleine Geschichte erzählen. Vor einigen Jahren bescheinigte mir der ehemalige Intendant des Bayerischen Rundfunks – ein Mann, der sonst nicht durch eine ausgeprägte Neigung, Komplimente zu machen, aufgefallen war – bei seiner Verabschiedung ein besonderes Talent zur Empathie. Ich bedankte mich artig und googelte anschließend den Begriff, von dem ich bis dahin ehrlich gesagt nur eine vage Vorstellung hatte. Ich möchte an dieser Stelle nicht über die Unterschiede zwischen kognitiver und emotionaler Empathie schwadronieren. Allgemein verstehen wir unter Empathie die Fähigkeit und den Willen wahrzunehmen, was in anderen vorgeht. Wer die Strukturen des öffentlich-rechtlichen Rundfunks kennt, weiß, dass man es sich als Moderator sehr genau überlegen sollte, ob man einem Intendanten widerspricht. Aber da es sich in diesem Fall um einen ehemaligen Intendanten handelt, werde ich einfach so frei sein (Sie dürfen ruhig schmunzeln ...).

Ich bin überzeugt, dass Empathie kein besonders ausgeprägtes Talent voraussetzt, sondern vor allem den Willen, sich in andere hineinzuversetzen. Talent ist etwas, wofür man nichts kann, was einem gegeben wird, aber Empathie bekommt man nicht geschenkt – ich jedenfalls habe mich zu einem empathischen Menschen entwickelt, und wenn ich das kann … (Mantra!) Wie Sie dabei am besten vorgehen, will ich jetzt erläutern. An dieser Stelle schließt sich eine kleine Lebensbeichte an, die erklären soll, warum der Autor diese Fähigkeit, sich in andere hineinzudenken und hineinzufühlen, entwickeln konnte. Sollte ich also ein wenig emotional oder gar melancholisch werden, sehen Sie es mir nach oder überblättern Sie die nächste Seite einfach.

Als Jugendlicher und auch noch als junger Mann litt ich oft unter dem Gefühl, nicht gut genug oder nicht liebenswert genug zu sein, und war längst nicht so selbstbewusst, wie ich es gerne gewesen wäre. Menschen, bei denen ich eine echte Selbstsicherheit vermutete, übten deshalb und üben bis heute eine besondere Anziehungskraft auf mich aus. Ich begann sie zu beobachten, weil ich verstehen wollte, wie sie ticken und weil – zugegeben – ich neidisch auf ihre Art war, eins mit sich und der Welt zu sein. Dass längst nicht jeder, der sein Selbstbewusstsein zur Schau trägt, wirklich selbstbewusst ist, weiß ich heute auch. Mein Wille wahrzunehmen, was in anderen vorgeht, wurde geboren aus dem Gefühl des Nichtgenügens, dem Bestreben, von anderen gemocht zu werden, und vor allem – mich selbst besser leiden zu können. Aber ist es nicht oft im Leben so, dass wir eine besondere Fähigkeit erlangen, weil wir auf einem anderen Gebiet ein Defizit, eine Schwäche haben?

Indem ich also meine Freunde, Bekannte oder auch Fremde beobachtete, wurde ich besser darin, zu verstehen und zu empfinden, was in ihnen vorging. Mit der Zeit lernte ich auf diese Weise, auch mich selbst besser zu verstehen, mich zu akzeptieren, und heute kann ich mich – fast immer – richtig gut leiden. Empathie hat mir geholfen, mich selbst zu finden, was mir, als ich diese Zeilen schreibe, ganz schön egoistisch vorkommt. Vermutlich ist das nicht im Sinne des Erfinders dieser wunderbaren Fähigkeit, was mich aber nicht weiter stört. Denn zu den Begleiterscheinungen meines gewachsenen Selbstbewusstseins gehört, dass es mir inzwischen bei den meisten Menschen egal ist, was sie von mir halten. Was mit dem Willen eines unsicheren Jugendlichen, sich selbst zu verstehen, begann, habe ich als Gastgeber meiner Talkshow in unzähligen Gesprächen verfeinern dürfen. Meine Gäste haben mir ihre Geschichte erzählt und ich durfte für eine Stunde in ihr Leben eintauchen. Ich habe Menschen kennengelernt, die einen komplett anderen Lebensentwurf gewählt haben, als ich ihn mir bis dahin hatte vorstellen können.

Abenteurer, Freak oder Normalo – es gibt im Leben nur sehr selten schwarz oder weiß, meistens ist es grau oder besser gesagt sehr bunt. Auch das habe ich erst durch meinen Beruf begriffen. Was ein Mensch als Schicksalsschlag empfindet, ist zwar individuell sehr unterschiedlich, aber ganz sicher jammern die meisten von uns zu viel über die kleinen Kalamitäten des Alltags. Wir alle können viel mehr aushalten und überleben, als wir es uns vorstellen können. Ich wünsche niemandem eine schlimme Krankheit oder gar den Verlust eines lieben Menschen, aber mehrfach haben mir Gäste berichtet, dass ein Schicksalsschlag sie noch stärker gemacht hat oder dass sie danach erst gelernt hätten, ihr Leben wirklich zu schätzen.

Ich bin sehr dankbar für all diese Geschichten, denn sie haben mir die Augen geöffnet und mich zufriedener gemacht, weil ich mehr zu schätzen weiß, wie gut es mir geht. Geduld ist keine meiner großen Stärken, aber einem Menschen mit einer Geschichte könnte ich stundenlang zuhören, weil ich in jedem Gespräch etwas dazulerne. Aber das funktioniert nur, wenn ich empathisch bin, wenn ich für eine gewisse Zeit in ein anderes Leben schlüpfe, mich bemühe zu empfinden, was im anderen vorgeht. Empathie ist – noch viel mehr als Interesse, Offenheit und Augenhöhe – der Schlüssel zu einem guten Gespräch, zu wahrer Kommunikation zwischen Menschen. Wir müssen lernen, diese Fähigkeit einzusetzen, und deshalb müssen wir Empathie üben, aber das ist gar nicht so schwer.

Voraussetzung Nummer eins: Wir müssen bereit sein, für eine gewisse Zeit in die Haut des anderen zu schlüpfen, unsere eigenen Interessen und Wünsche zurückzustellen und unserem Gesprächspartner die Bühne zu überlassen, ohne ihn zu bewerten. Es gibt ein altes indianisches Sprichwort, das diese empathische Haltung wunderbar beschreibt. »Urteile nie über einen anderen, bevor du nicht einen Mond lang in seinen Mokassins gegangen bist.«

Nehmen Sie sich Zeit für Ihr Gegenüber, schenken Sie dem anderen Ihre volle Aufmerksamkeit, hören Sie aktiv zu und versuchen Sie zu verstehen, was ihn antreibt. Zeigen Sie wahres Interesse, indem Sie nachfragen und sich bemühen, die

Welt durch seine Augen zu sehen. Es ist wichtig, sich dabei zurückzunehmen und nicht mit schlauen Ratschlägen, klugen Sprüchen oder gar Belehrungen glänzen zu wollen. Auch für tröstende Worte oder Mitleid ist in einem empathischen Gespräch kein Platz. Es geht darum, für eine begrenzte Zeit nachzuempfinden, warum der Gesprächspartner leidet, sich freut oder etwas als Problem sieht. Prüfen Sie deshalb im Verlauf der Unterhaltung immer wieder das eigene Verständnis, indem Sie seine Antworten zusammenfassen und umschreiben. Lassen Sie ruhig eigene Gefühle zu, aber eben für die Zeit des Gesprächs, und üben Sie, diese Emotionen am Schluss wieder loszulassen. Holen Sie sich nach dem Gespräch ein Feedback, fragen Sie nach, wie der andere Sie erlebt hat, und machen Sie sich klar, dass Sie Fehler machen werden, nicht einfühlsam genug sein werden, aber es mit jedem Gespräch besser machen können.

Ein Mensch, der Empathie gelernt hat, kann viel erreichen im Leben. Nicht nur in Psychiatrie und Kriminologie, auch im Management, im Marketing und in der Politik wird diese Fähigkeit in Zukunft noch wichtiger werden. Wer empathisch ist, der kann seine Mitarbeiter besser motivieren, weil er intuitiv erkennt, was sie wollen. Darüber hinaus werden die Menschen Ihnen schneller und mehr vertrauen, weil sie sich verstanden fühlen.

Schon der Philosoph Immanuel Kant wies darauf hin, dass die Macht nicht der Herr des Schwertes, sondern der Meister des Wortes besitzt. Dieser Satz beinhaltet die große Verpflichtung, mit Worten behutsam umzugehen und sie nicht zu missbrauchen, um andere zu manipulieren oder zu verletzen. Auch und gerade Empathie sollten wir stets nur einsetzen, um andere und dadurch uns selbst zu verstehen, um offener und ehrlicher kommunizieren zu können und besser miteinander auszukommen.

DANKSAGUNG

Jetzt kann ich es ja verraten. Als Vanessa Hofferbert von der Münchner Verlagsgruppe mit der Buchidee auf mich zukam, hatte ich keine Ahnung, ob ich auch nur ansatzweise dazu in der Lage sein würde, etwas zu schreiben, was diesen Titel verdient. Für ihr Vertrauen kann ich ihr gar nicht genug danken, denn das Schreiben war für mich eine ganz besondere Erfahrung und Herausforderung, die ich nicht missen möchte. Sofie Canins hat immer wieder dafür gesorgt, dass ich unser gemeinsames Projekt nicht zu entspannt und lässig, sondern mit der nötigen Ernsthaftigkeit betreibe. Antje Steinhäuser war mir eine immens kreative Ideengeberin und hat meinem Text den entscheidenden letzten Schliff verpasst. Meinen Chefs bei Bayern 3, Walter Schmich und Thomas Linke-Weiser, möchte ich danken, dass sie mir nunmehr seit acht Jahren das Privileg unserer »Mensch, Otto!«-Sendung gewähren, ohne die und die damit verbundenen Erfahrungen dieses Buch nicht denkbar gewesen wäre. Sehr dankbar bin ich auch meinen Redakteurinnen bei Bayern 3 Catina Töpfer, Franzi Paskuda, Julia Liebing, Katrin Kellermann, Marion Fuchs, Steffi Stockinger und Veronika Macher, die unermüdlich spannende Gäste ausgraben und mich all die Jahre sensationell unterstützt haben. Und wie ich hier so sitze und überlege, wem ich noch dankbar bin und warum ich dieses Buch geschrieben habe, denke ich an meinen Vater, der mir mit seiner Liebe zur Sprache ein großes Vorbild war und der hoffentlich jetzt auf einer Wolke sitzt und das Werk seines Sohnes mit Wohlwollen betrachtet. Mein größter Dank aber gilt meiner kleinen Familie, meiner Tochter Emily, meinem Sohn Nick, dafür, dass sie den Papi in den letzten Monaten noch weniger für sich hatte als sonst, und vor allem meiner wunderbaren Frau Yvonne, die immer an mich glaubt, auch in den Momenten, in denen meine eigenen Zweifel am größten sind.

ÜBER DEN AUTOR

Thorsten Otto moderiert bei Bayern 3 die erfolgreiche Interview-Sendung »Mensch, Otto!«, bei der Prominente und »ganz normale« Menschen zu Wort kommen und ihre Geschichten erzählen. Sein Handwerkszeug lernte der Moderator bei einem Sender in Nürnberg, absolvierte anschließend eine harte Redakteurs-, Reporter- und Moderatorenschule bei SWF 3, verbrachte zwei lustige Jahre bei EinsLive und eine spannende Zeit beim ZDF-Sport, bis er nach Bayern zu seinen Wurzeln zurückkehrte. 2014 verlieh die Grimme-Jury den Deutschen Radiopreis in der Kategorie »Bestes Interview« an Thorsten Otto und Julia Liebing.

272 Seiten
16,95 € (D) | 17,50 € (A)
ISBN 978-3-86882-213-7

Joe Navarro
Menschen lesen
Ein FBI-Agent erklärt,
wie man Körpersprache
entschlüsselt

Ein solches Buch über Körpersprache hat es noch nie gegeben: geschrieben von einem FBI-Agenten, dessen Aufgabe es 25 Jahre lang war, Spione, Mörder und Verbrecher anhand ihrer Körpersprache zu entlarven. Denn nur 20 Prozent unserer Kommunikation laufen über das gesprochene Wort. Wir kommunizieren also zu 80 Prozent nonverbal und unbewusst. Der international anerkannte Experte Joe Navarro erklärt exakt, wie man sein Gegenüber durchschaut, wie man Gefühle und Verhaltensweisen präzise entschlüsselt, Fallstricken ausweicht und souverän Körperhaltung und Mimik entlarvt, die in die Irre führen sollen. Von Kopf bis Fuß werden Gesten, Haltung und Mimik unter die Lupe genommen und nach dem neuesten Stand der Forschung analysiert.